人生2.0
換一種活法

美國移民全攻略，
從簽證、綠卡到投資移民必備指南

邱翊哲

錢家萱

李政銳

林姿伶

林佩姿

著

目錄

Chapter 2
長篇訪談——
談美國投資移民移居以及公司經營內控風管

Chapter 3 ————————————————————
移民前後稅務規劃以及稅務合規

自序

　　寫作這本書是一段我無法獨自開始的旅程。一路上我所收到的支持、鼓勵和專業經驗是無價的，在此我深深感謝所有使這本書得以成型的人。

　　首先我要感謝一同創作寫作的作者群，錢家萱，林姿伶，李政銳，林佩姿，沒有你們的協助這本書是不可能完成的。

　　我也要對那些與我分享寶貴經驗和故事的移民移居投資者表達我的敬意，是你們的人生故事賦予了這本書靈魂，你們的勇氣和決心讓這本書充滿了活力與深度。

　　對於那些在調研和採訪過程中提供幫助的專業人士，Anvi，Virginia等，你們的專業與經驗提供了這本書重要的參考資料。我也要感謝那些在背後默默支持我的朋友，無論是專業上的協助，還是情感上的支撐，你們的好意我銘記在心。

　　這本書也反映了許多機構和組織的合作精神，你們的支持和合作，提供數據、文獻支持，沒有你們，這本書的深度和廣度會受到限制。我想對那些給予我們寶貴建議和批評的同行學者表達敬意，你們的批判性思維推動了我們的研究，邁向更高標準。

　　我要對我的編輯團隊表達謝意，你們的深刻見解增強了本書的焦點。感謝我的出版商，你們願意推廣這個故事和研究，幫助它觸及更廣泛的讀者群。

　　感謝我的家人，爸爸，媽媽，黃飛，Jojo，Wawa，你們的愛

和耐心是我不懈追求夢想的動力。每當我疲憊不堪時，你們的支持與鼓勵是我前進的力量。

最終，我要感謝我的讀者，你們的興趣和熱情是我寫作的最大動力。希望這本書能夠觸動你們，引起共鳴，並啟發大家對於這一主題的深入思考。

在這些感激之情中，我還想特別提到我的家鄉台灣。這個美麗的島嶼不僅孕育了我，也給予了我無盡的靈感和力量。所以，這本書的版稅會捐贈給高雄市瑟谷教育協進會，替台灣下一代的教育盡一份心力。

謝謝你們每一位對這本書付出心力的人，是你們讓這一切成為可能。希望這本書不僅是一部作品，更是一個橋樑，連接過去、現在與未來，連接台灣與美國。

特別感謝 360.CPA 會計師事務所的同仁為我們投資移民客戶做盡職調查、財務模型和稅務規劃。若不是你們提供詳實評鑑、合規報告及策略設計，客戶沒有辦法專注於公司發展，實現人生規劃。

特別感謝 E2 Era 易途時代顧問和專業經理人的創業協助和日常經營管理，才能從微型的一個人項目成長到四、五十人的中小型項目，沒有你們在實體經營打拼，投資移民沒有辦法在專業有效率的情況下成功展開，落地生根。

邱翊哲

Chapter 1

美國的移民
與非移民、簽證

01 人生 2.0，
換一種活法

既然無法改變環境，但你可以做出選擇。

我們替這本書的讀者們，從移民或移居的不同角度，挑選出幾種美國的投資創業簽證。這些簽證對於學歷、經歷和資金的要求有難易程度上的差別，但對於大多數人來說都是有機會達成而且可行性高的。美國當然還有許多其他的投資人簽證，只是不在此書的討論範圍內。

藉由了解不同的投資創業簽證，希望能喚起更多人去思考：當我們無法改變環境時，我們手中還握有哪些選擇的權利？這是一個人們可以選擇生活的時代，外面的世界很大、機會很多，你不做出選擇，那麼生活就會選擇你。

每個人都嚮往更好的生活。對創業、對更好生活有憧憬的人來說，美國是一個願意給人機會的國家，它的商業文化和環境、與人做生意的方式，我們都極力想分享給在台灣的人。移民或移居不單純只是換個地方生活，環境最能夠激發出一個人的潛能，潛力激發了能力，能力提升了內在的力量。一個選擇，帶來加乘的改變，創造價值的同時，也在成就自己。

這也是為什麼有《人生 2.0，換一種活法》這本書的原因。

但記得做出一個移民或移居的決定前，請先諮詢你的律師後，再挑選出最適合自己的方案。

○ 簽證（Visa）與身分（Status）

在移居或移民美國之前，我們得先了解簽證和身分的不同與關係。在你入境美國時，美國海關會要求你提供一張有效的簽證，並依據你的簽證來詢問你相關的問題。護照裡的簽證就是入境美國的門票，但簽證的有效期限不代表可以合法居留美國的時間。順利入境美國後，美國海關會依照你的簽證類別，給予你一個相應合法居留在美國的時間，也就是你的I-94。

假如你持十年有效期的B1/B2商務、觀光簽到美國觀光，海關通常在I-94以及入境章內會給你六個月的停留時間，在這六個月內，你都能自由地在美國境內旅行。但六個月到期後，你必須依規定離開美國，即使你的B1/B2簽證還在效期內，你也不具備合法的身分了。不然就必須要在六個月到期之前辦理身分延期。

拿什麼身分做什麼事很重要，簽證和身分這兩者之間的關係必須是相對應的。如果你持有的簽證類別和進行的活動明顯不符合規定，最嚴重的話可能會被遣返，而且被拒絕再次入境美國。例如，你拿著B1/B2簽證到美國觀光，是不能在美國工作的，卻找了一個短期的打工機會，邊旅行邊打工，一旦被發現的話就會被遣返回國，在移民局的系統中，你的檔案也會被備註。

在美國的簽證體系中，包含了移民簽證和多種的非移民簽證。常見的移民簽證有親屬移民和職業移民，如EB-1C、EB-5

等。而在大量的非移民簽證中，其中有 7 種非移民簽證是比較常見，也是較多人辦理的，包括：B1/B2 旅遊簽證、F-1 學生簽證、J-1 交換訪客簽證、H-1B 專業人士工作簽證、L-1 專業經理人簽證、E-2 條約投資人簽證、O-1 傑出人才簽證。

至於如何選擇對的簽證和身分到美國生活？就得依照你的個人規劃和預計到美國從事哪方面的活動來做申請。

關於移民和非移民的簽證與身分，另外還有兩個特別重要的觀念：

第一，只有移民簽證能夠直接取得綠卡，獲得永久居留的身分。非移民簽證的身分，不能直接取得綠卡，但可以幫助移民申請人在尚未取得綠卡時，提早進入美國。

第二，當你持有非移民簽證入境美國後，只要符合規定，大部分的身分都可以互相轉換或延期。例如，你持觀光簽到美國旅遊，在旅途中你突然想申請學生簽留下來唸書；或是公司派你持有觀光簽到美國進行商務考察後，決定在美國成立分公司等等的情況下，你都只要在美國境內辦理身分的轉換即可。但必須注意的是轉換或延期都僅限於美國境內身分（Status），而不是指簽證（Visa）。簽證是你進入美國的門票，如果你離境了，你轉換後的身分並不代表在下一次入境美國時仍會擁有同樣身分，必須在下一次入境美國前先申請相符合的簽證類別才行。如果持某種非移民簽證入境，最好不要在入境後立刻境內轉換不同的身分類別或申請綠卡，否則會有簽證詐欺的嫌疑。建議你在進行身分轉換時，向專業的律師尋求協助，一方面確認身分轉換或延期能成

功，避免身分過期逾期居留，一方面也可避免造成簽證詐欺的窘境。

移民先從移居開始

○什麼是 E-2 簽證

簡單來說，它是一種非移民投資簽證，你可以透過在美國的小額投資或創業申請 E-2 簽證，取得長時間在美國工作的合法身分，同時又能和美國公民一樣享有醫療和教育的福利。E-2 簽證的申請門檻不高，對於申請人的年紀，語言和學經歷沒有特殊要求，對於投資的金額也沒有明確的規定，各項條件規範綜合評比後，可是讓它有著「美國小綠卡」之稱！

E-2 與 綠卡		
	E-2 簽證	綠卡（Green Card）
申請人條件限制	無	多
可居留美國時間	首次簽證 5 年，可無限延簽	永久居留
簽證持有人工作權	只可以在自己投資的公司上班	就業自由
配偶合法工作權	有	有
子女免費教育福利	享免費教育至高中	免費教育至高中，大學享本地生學費優待
醫療福利	有	有
退休福利	無	有
簽證取得時間和難易度	快速且容易	排期長且難

○為什麼會有 E-2 簽證

美國非移民投資 E 類簽證，其實除了 E-2，還有 E-1 和 E-3 兩種。E-1 是條約商人簽證，E-2 是條約投資人簽證，以及專屬於澳大利亞護照持有人的 E-3 簽證。

早在 1924 年美國通過的移民和國籍法中首次提出了條約國貿易商的概念，隨後由於國際投資的盛行，為了進一步吸引國際投資，美國在 1952 年的移民和國際法中，首次設立了 E-1 條約商人和 E-2 條約投資人兩個簽證類別。當時的法案寫著：「外籍人士和其配偶及子女有資格根據美國和其國籍國簽訂的貿易和航行條約進入美國，從事美國和其國籍國間的貿易；或為發展和指揮一家他已經投資或正在積極投資一筆具有實質意義的資金的企業。」而移民法對 E-1 和 E-2 的定義則原封不動的沿用到現在。

但 E-2 簽證並非適用於每一個國家的公民，美國先後與全球 80 多個國家和地區簽訂了通商及通航條約，締結為條約國，而台灣也是條約國中的一員。非條約國公民的外籍人士若想取得 E-2 簽證，必須先取得條約國公民身分，在這 80 多個國家中，其中格瑞納達和土耳其都可以透過較低的投資取得該國公民身分，進而申請 E-2 簽證赴美。另外，條約給予每個國家的簽證效期都不一樣，最長五年，最短只有三個月。台灣屬於條約國中的高級成員，通常都可以取得最長的簽證效期。

E-2條約國完整名單如下：

　　阿爾巴尼亞，阿根廷，亞美尼亞，澳大利亞，奧地利，阿塞拜疆，巴林，孟加拉，比利時，玻利維亞，喀麥隆，加拿大，智利，台灣，哥倫比亞，剛果，剛果民主共和國，哥斯大黎加，克羅埃西亞，捷克，丹麥，厄瓜多，埃及，愛沙尼亞，衣索比亞，芬蘭，法國，喬治亞，德國，格瑞納達，宏都拉斯，愛爾蘭，以色列，義大利，牙買加，約旦，哈薩克，南韓，科索沃，吉爾吉斯，拉脫維亞，賴比瑞亞，立陶宛，盧森堡，北馬其頓，墨西哥，摩爾瓦多，蒙古，蒙特內哥羅，摩洛哥，荷蘭，紐西蘭，挪威，阿曼，巴基斯坦，巴拿馬，巴拉圭，菲律賓，波蘭，羅馬尼亞，塞內加爾，塞爾維亞，新加坡，斯洛伐克，斯洛維尼亞，西班牙，斯里蘭卡，蘇利南，瑞典，瑞士，泰國，多哥，千里達及托巴哥，突尼西亞，土耳其，烏克蘭，英國，南斯拉夫。

*E-2簽證國的名單每年都會有細微的調整和變動，每個國家由於與美國條約內容的差異，E-2申請規範也有差異。最新名單請參考：https://travel.state.gov/content/travel/en/us-visas/visa-information-resources/fees/treaty.html

○移民局對於 E-2 簽證的詳細規範[1]

1. 投資者，無論是個人、合夥或公司企業，都必須具有條約國家的國籍。如果是一個企業，該企業至少 50％是被該條約國國籍的人持有[2]。

2. 投資必須是實質的，並且資金必須是「撤不回的」承諾交付。投資必須足以確保企業的成功運作[3]。

3. 投資必須投在一個真實營運的企業。投機或閒置的投資不符合資格。在銀行帳戶裡未被承諾交付的資金，或只是持有未開發土地的所有權，都不算是一種投資[4]。

4. 投資不可以是獲利甚微的。根據 9 FAM 402.9，企業必須證明其財務收益明顯超過投資人的謀生所需，或者企業必須有能力在現在或未來做出重大經濟貢獻[5]。

5. 投資者必須有資金的控制權，並且就商業的意義而言該投資必須具有風險。如果資金不受企業運勢翻轉而有部分或全部損失，那麼就 Immigration and Nationality Act (INA) 101(a)(15)(E)及 9 Foreign Affairs Manual (FAM) 402.9 所規範的意義而言，該投資就不是一種投資，以投資的企業資產擔保而取得的貸款不符合條件[6]。

1　9 FAM 402.9-6(A)

2　9 FAM 402.9-4(B)(c)

3　9 FAM 402.9-4(B)(d)

4　9 FAM 402.9-4(C)

5　9 FAM 902.9-6(E)

6　9 FAM 402.9-6(B)(a)

6. 投資者必須是到美國發展或指導該企業[7]。如果申請人不是主要的投資者，他必須受僱擔任主管級、經理級[8]，或者具有高度專業技能的職位[9]。普通技能或沒有專業技能的工作者並不符合資格。請注意，可能需要附上一份詳細的說明，解釋為什麼申請人的技能對在美國的該企業是不可或缺的[10]，或者解釋為什麼申請人具有符合經理級或主管級職位的資歷。

7. 申請人必須打算在 E-2 身分結束時離開美國[11]。

8. 申請人的配偶及未滿 21 歲的未婚子女，也可以申請眷屬 E 簽證，以隨同配偶或父母前往美國或隨後赴美會合。眷屬不必具有和主要申請人相同的國籍也可以申請 E 簽證。眷屬可以和主申請人一起申請簽證，也可以在主申請人取得 E 簽證之後分別提出申請。眷屬必須提供眷屬關係證明。E 簽證准許商人／投資人／及其眷屬，在國土安全部（DHS）核准的停留期間內居住在美國。E 簽證是非移民簽證，因此，簽證持有人唯有在簽證核准當時所具備的條件仍維持有效的情況下，才會獲准居住在美國。過去，除非在美國取得國土安全部移民局（DHS-USCIS）的明確許可，否則眷屬不得在美國工作。條約商人／投資

7　9 FAM 402.9-6(F)

8　9 FAM 402.9-7(B)

9　9 FAM 402.9-7(C)

10　Id

11　9 FAM 402.9-4(C)

人的眷屬在到達美國後可以申請工作許可。然而美國國土安全部 2021 年 11 月發布政策說明，E-2 申請人的配偶不需要申請工作許可，可以直接合法申請社會安全卡工作。至於 E 簽證的未成年子女則需要向移民局申請工作證，才能合法工作。

● E-2 簽證的申請資格

E-2 簽證接受申請人以個人的名義或公司的名義來投資申請，只要提出完整的商業計畫，確保合法的資金來源和投資證據，基本上都可以成功取得簽證。而透過申請 E-2 簽證也是一種避開簽證排期，可以快速進入美國的方式，最快三個月內就可以成功取得。

如果以個人名義申請 E-2 簽證，投資人通常會以這幾種方式到美國進行商業活動：

1. 成立一個 100%個人擁有股份的新公司。
2. 和已經具備美國公民或綠卡身分的親友合資一家新公司。
3. 直接收購或加盟美國當地連鎖事業來經營。

投資人除了須符合條約國公民身分外，還必須具備下列條件：

1. 投資人對公司股份必須持股至少 50%。
2. 投資的事業必須已經實際營運中且穩定獲利。美國政府

對於投資金額沒有明確的規範，一般來說投資金額至少為 15 萬美元。

3. 投資人必須是具備決定權的公司高階主管，且公司須至少雇用一位美國當地員工。

E-2 簽證對於投資人在美國投資的標的物和資金都沒有明確限定，給予一個較彈性的空間，主要著重在投資獲利必須遠超過基本生活所需，以及公司對於美國經濟貢獻的能力，只要投資持續獲利經營，E-2 簽證就可無限續簽。申請人的配偶及未滿 21 歲的未婚子女則無國籍限制，都可申請 E-2 簽證，配偶可在美國自由合法工作，子女則享有免費教育福利至高中。

如果以公司名義申請 E-2 簽證，則是可以將公司員工派遣到美國擔任管理階層人員或是專業技術人員。

○E-2 商業模式和優劣比較

購買現成企業	
優點	**缺點**
· 企業已在經營而且通常已有獲利 · 過去財務報表可以證明企業模式是可成功的 · 容易證明資金投入項目 · 有許多產業可以選擇	· 企業經濟體質需要有完整的財務評估，而這些服務通常不便宜 · 成功的企業通常也較昂貴 · 某些過去的財務報表可能資料不完整，造成有些未知的黑洞

加盟連鎖企業	
優點	**缺點**
· 有加盟企業的支持 · 加盟企業通常有一定規模的商業模式和企業評估 · 加盟企業會提供企業經營的協助，例如供應鏈廠商談判、市場調查等	· 不同加盟企業有不同的加盟規定和金額 · 需要時間去抵銷加盟成本達到收支平衡 · 加盟企業會有許多經營管理上的要求和限制

成立新公司	
優點	**缺點**
· 沒有企業過去包袱限制 · 沒有昂貴的加盟金或既有的企業客戶金 · 可選擇任何產業和地點去經營	· 美國中小企業的競爭非常激烈 · 約有一半帶員工的企業在頭五年陣亡，新創企業對於達成當初商業計畫的目標有困難 · 許多新創企業沒辦法達到 E-2 簽證的實質投資要求

移居美國，為什麼選 E-2 就對了

○E-2 簽證的優點

1. 取得速度快，居留時間長

E-2 簽證可以快速取得，它也是美國獲批率最高的簽證之一，成功率高達 90%。在符合護照身分和投資計畫的要求下，通

常只需要一至三個月的時間，就可獲簽。被拒簽的主要原因大都是公司業務不真實，或公司營運及投資金額不可觀。例如，你在 2022 年 2 月提交的申請計畫中，寫著投資了一家 2021 年 9 月已經關閉的美式餐廳。

簽證效期最長高達五年，依法可無限次數延簽。持不同條約國護照申請，被批准的 E-2 簽證有效期也不同。E-2 簽證每次入境，海關都會給大約兩年的居留期限在入境章和電子 I-94。五年簽證到期前入境，也可以獲得兩年的居留期限，如果在簽證失效後但居留期限到期前離境，才需要續簽。所以首次 E-2 簽證，約莫可有接近七年居留美國的期限。

2. 投資金額低，風險相對小

E-2 簽證對於投資的金額無明確規範，風險相對低。而且你只要擔任公司的高階管理人，不一定得親自經營管理公司，可以透過職業經理人或是委託管理團隊來經營，你也可以居住在美國任一州，甚至是居住在美國境外，藉由網路和管理團隊溝通監管自己的投資。

3. 合理規避美國全球徵稅

美國稅務居民的全球收入都需向美國申報和納稅，若你是持有 E-2 簽證，可以在會計師或稅務師的指導下，合理合法規劃停留時間，避免美國全球徵稅。

認識美國的稅務居民：

· 美國公民。

· 美國綠卡持有人。根據美國稅法，新移民自登陸日起，即作為綠卡持有人，自動成為美國稅務居民。

· 任何外來居留人員，包括持有學生簽證和短期工作簽證的人員，於本報稅年度在美國居留長達 183 天，或於本年度在美國居留達 31 天且在本年及上兩年在美國停留的天數被乘以一個指數後，累加超過 183 天。

4. 配偶可在美國自由工作

配偶申請 E-2 簽證時，沒有國籍限制。在簽證批准後，即有合法在美國自由工作並簽署工作合同的身分。

5. 子女享有免費教育福利至中學

E-2 申請人之未滿 21 歲子女可享教育福利，不需額外申請 F1 簽證，即可免費進入美國公立中小學就讀。至於大學的教育福利，各州規定都不盡相同。

○ 從 E-2 簽證到移民綠卡的轉換方式

想要從 E-2 簽證獲得綠卡，可經由兩種方式：

1. 直接向美國境外的領事館申請移民簽證。
2. 在美國境內將 E-2 簽證身分調整為移民身分。

一般來說，E-2 持有人通常會經由 EB-5 簽證、其他職業移民綠卡、婚姻綠卡，這三種方式來進行取得移民簽證。

1. EB-5 投資移民簽證

E-2 簽證和 EB-5 簽證同樣是以投資為基礎的簽證，相似度高，因此將 E-2 非移民投資簽證轉換為 EB-5 投資移民簽證是很直接的方式。

取得 EB-5 簽證的基本規範：

- 105 萬美元的資本額，或是在目標就業區投資 80 萬美元。
- 投資必須在美國商業實體進行。
- 必須在兩年內創造 10 個全職工作機會。

從原有的 E-2 公司投入額外資金達到 EB-5 簽證的資本門檻，是很具備優勢的作法。因為 E-2 持有人對於既有的業務運作已經相當熟悉，將原有的公司規模擴大是相對低風險的。但必須注意的是，在一開始選擇 E-2 投資項目時，就得評估公司擴展能力是否有限。

2. 職業移民綠卡（Employment Based Green Card Petition）

職業移民綠卡除了 EB-5 投資移民簽證，我們在書中還會介紹 EB-1C 高階經理人簽證和 NIW 國家利益豁免簽證。

3. 婚姻綠卡（Family Based Green Card Petition）

從 E2 簽證到綠卡的另一種選擇就是透過結婚或是直屬家人提出綠卡申請。與美國公民或合法永久居民有婚姻關係，是取得綠卡最快速直接的方式了。然而，限於篇幅與本書的主旨，此選項就不詳細介紹。

4. 其他綠卡申請方式

抽籤綠卡，或是由於 E-2 簽證持有人的配偶可以在美國自由合法工作，若是配偶的公司願意贊助申請綠卡，那麼 E-2 簽證持有人也可連帶申請綠卡。

○ 什麼人適合申請 E-2 簽證

1. 想要追求更好生活的你

基本上 E-2 簽證適合任何人，只要你是簽約國公民又符合簽證申請資格。現在的你或許已經小有成就，E-2 簽證會讓你有機會創造更美好的生活。

2. 有美寶的家庭

大多數的美寶父母都不具備美國公民身分，卻又想讓孩子到美國接受教育。這時，E-2 簽證就是父母最好的陪讀選擇。不僅可以長期居留美國，陪伴小孩在美國生活唸書，同時也可以在美國合法工作，除了能夠增加生活收入來源，生活也會更加充實。

3. EB-5 排期中的人

E-2 簽證條約國公民的申請週期通常為一至三個月之間，EB-5 排期中的人，由於等待時間太長且不確定性太高，可以考慮先以 E-2 簽證在美國生活工作和唸書，等到綠卡獲批後，從 E-2 簽證的投資項目中退股並停止使用 E-2 簽證，再取消 E-2 簽證的身分。

4. 對於辦理 EB-5 猶豫不決的人

由於 EB-5 排期的不確定性太高，加上取得美國綠卡後有全球徵稅及移民監的因素，部分投資人對於申請移民簽證望之卻步，卻又渴望美國自由的生活，和讓子女享有美國高品質的教育。在此情況下，E-2 簽證就提供了一個非常好的選擇，只要投資項目持續營運，E-2 簽證就可不限期延簽。

5. 申請其他工作簽證遇到困難者

美國大多數的工作簽證都得由美國雇主去支持申請，有的要抽籤（如 H-1B、H-2B），有的有薪資限制（如 H-1B），有的條件要求非常高（如 O-1）。E-2 簽證相對來說，只要國籍和資金來源符合資格的話，靈活度比較高，也比較不必依附在他人、雇主或不可掌控的限制之下。對於 H-1B 簽證沒抽到、又想要在美國生活的人來說，是個不錯的選擇。

◯ 簽證批准率高達 90% 的交戰守則

1. 申請人身分的真實性

真實有效的身分是最基本的因素，如果你是 E-2 簽證主申請人但原國籍非 E-2 條約國公民，可以透過辦理有立法投資入籍的條約國公民身分，來符合申請時身分上的要求。

2. 投資項目的真實性

雖然 E-2 簽證對於商業計畫的規模和投資金額沒有具體要求，但能夠穩定獲利經營，且收入遠超過在美國基本生活所需，對於通過申請有很大的幫助。移民律師通常會建議投資人選擇長期穩定性高的投資項目，不管投資人本身是否具備公司營運的經驗，在不了解美國市場環境和營運模式的情況下，面臨經營挑戰的風險相對來的小。

而 E-2 的商業計畫對於整份簽證初始申請與延期申請至關重要。商業計畫中的市場調查、獲利預估或營收預測，以及商業擴展計畫的實踐程度都會成為移民官詢問的要項之一。這也是為什麼要找專業團隊為你設計出合理的商業計畫，才能避免未來申請延簽時造成種種困難。

3. 資金來源的合法性

資金來源合法性是指，資金來源並非由從事非法活動而取得，比方說是透過個人抵押貸款（不可以是以公司名義或資產的抵押）、之前投資或公司營利所得、個人薪資所得、遺產繼承或

贈與，若可以提供證明合法管道取得的資金來源，就可以通過這項要求。

一份誠實又合理的申請人簡歷，證明資金來源完全合法的單據，是移民局在審閱資料時非常看重的，因此交由一個專業的 E-2 申請團隊，有優秀的移民律師加上謹慎的會計師團隊協助處理下，對於 E-2 簽證的成功獲批都是助益良多的。

○E-2 簽證需要特別注意的地方

E-2 簽證的好處很多，但有一些小細節也是申請人必須特別留意的。以下列出八點細節。

1. **簽證是否續簽受公司經營狀況影響**：若是 E-2 簽證持有人所投資的公司營運狀況不佳，可能導致後續的續簽被拒絕。

2. **E-2 簽證主申請人的工作限制**：E-2 簽證主申請人只能在自己投資的公司中工作，不得再從事額外的投資或工作。但副申請人（主申請人的配偶）可以從事任何合法工作獲取報酬。

3. **申請人不能透過投資房地產相關事業來申請 E-2 簽證**：在移民局的詳細規範中有提到申請 E-2 簽證的投資金必須是有風險且不可贖回的，所以房地產並不屬於投資項目中的一環。

有些申請人會認為在美國買地蓋建築當店面就算投資，但對 E-2 簽證而言，單做這些不足以成為投資項目，也不保證 E-2 企業就可以營運，還必須加上存貨訂單、場地規劃、客戶未來訂單等，證明企業準備營運項目已經就緒，只差 E-2 簽證核准。

4. **未婚子女滿 21 歲後須自行辦理簽證**：小孩滿 21 歲以後在美國就會被視為獨立的個體，無法繼續使用依附在父母親名下的眷屬簽證。必須要在滿 21 歲生日前更改身分到 F-1 國際學生簽證（如果在大學就學）、H-1B 等的工作簽證或是 B-2 觀光簽證等。

5. **居留權臨期出境問題**：E2 簽證最長效期雖然有五年之久，但持有人每次只有兩年的居留權，居留時間到期前持有人必須先出境，等再次入境的時候，備齊申請延期的所有文件向海關的移民官要求延期，如果簽證超過了有效期，就得再次申請簽證。

E-2 簽證常面臨的問題是，主要申請人與眷屬的 I-94 因為工作常到處飛，每次持簽證入境都可獲得兩年有效期，所以主要申請人和眷屬如果曾經入境行程或日期不同，就會有不同的 I-94 到期期限。然而一般人常誤以簽證章為居留期限，未發現 I-94 到期日的差異，這就會造成逾期居留，甚至非法居留的問題。所以 E-2 主申請人與配偶必須注意自己與家人的 I-94 到期日，避免非法居留的問題。

6. **境內延期的問題：**E-2 簽證大多由駐外領事館發出，駐外領事館由美國國務院管轄，不同國家的美國領事館細節規定也有所差異。雖然申請 E-2 簽證必須要預約面談，但若符合領事館的要求，面談通過後簽證核準機率較高，如果是延簽，能提供更新的公司資料和商業計畫通常能順利通過。然而，境內延長 E-2 身分（Extension of Status），則必須透過美國國土安全部下面的移民局（USCIS）申請。移民局由於無法面談，對簽證的書面審核標準相對嚴格許多，要求比領事館更多的公司資料和調查，許多在境外領事館首簽通過的 E-2，在境內延簽時都遇到要求補件甚至拒絕延簽的情況。

7. **非移民簽證無法直接取得綠卡：**由於 E-2 簽證是非移民投資簽證，當你持有時，並不具備永久居民身分，而且必須在意圖終止 E-2 狀態時離開美國。若是想繼續合法居留在美國，就得透過其他親屬或商業移民的方式，以境內身分轉換（Adjustment of Status），或回國在美國使館面談（Consular Processing）等方式，獲得綠卡。

8. **合資企業的限制：**E-2 簽證要求主申請人至少有在美企業 50%以上的持股，這就限制了合資企業的可能性，因為一個企業最多只能有兩個 E-2 主投資申請人（各持 50％股份）。然而，當有兩個以上投資人都需要申請 E 簽證時，持有較少股份的投資人可用企業主管的方式申請 E-2 員工簽證。

E-2 簽證知識庫

○ 一分鐘認識 E-2 簽證

首先確認你是否符合以下三項基本申請條件：

- ·申請人必須是任一條約國的公民。
- ·申請人必須在美國投入資金正常營運一家公司。
- ·申請人必須擁有公司的營運權且持股至少 50%。

基本條件都符合後，你就可以開始準備具體的商業計畫書，提交美國申請 E-2 簽證。等簽證批准後，再將配偶和未滿 21 歲的子女一起帶到美國，開始新生活。

E-2 簽證的好處：

- ·門檻低，獲取時間快。
- ·批准速度快，成功率高達 90%。
- ·居留時間長，可以無限續簽。

在你還沒任何身分或拿到綠卡身分前，又想長期合法待在美國發展並生活的話，那麼 E-2 簽證能夠給你一個很好的機會。

　　馬克是一個在家族企業上班的二代，但結婚成家以後，生活工作和台北的高房價，讓他壓力很大。看著大學時期最好的朋友畢業後就到美國唸書發展，生活美好愜意。馬克做了一個人生重大的決定，自己的生活自己主導，馬克想要到美國展開一場新旅程。機緣巧合下，他意外接觸到 E-2 簽證的訊息，考慮從投資額低、風險低和技術性低的飲料店開始。美國當地朋友幫忙找到會計師和律師的協助，馬克持 ESTA 簽證多次往返美國籌備成立公司，等飲料店開始營運後，馬克也正式提交了 E-2 的申請書。

　　馬克的太太，小花是屏東人，北上在台北唸書時結識馬克，相識相戀後結婚。小花原本是醫院裡的護理師，但輪班的工作讓原本就不怎麼好的身體更加虛弱，好不容易婚後生下第二個孩子以後，無後援的小花決定辭職專心在家帶孩子，省下托兒費用，但也讓馬克的經濟壓力更重，幾乎都在工作無法陪太太孩子。現在兩個孩子一個4歲一個2歲，他們希望能藉由 E-2 在美國重新開始，讓孩子在美國唸小學，奠定英文基礎同時快樂成長。

　　馬克一家的 E-2 簽證計畫能順利進行嗎？會遇到什麼挑戰呢？

馬克的案例分析：

　　如果要在美國開飲料店，他們可以買現成店家店面來開，

再加盟入連鎖飲料店，如 85 度 C 或是快可立，或是直接選擇租下一家市區的店面，開一間新的飲料店。同時馬克也必須和商業專家與移民律師合作，仔細討論投資金額、所有權分配、需要花在 E-2 企業的工時、雇用的員工數和職位，以及預期營業額與收入等。E-2 要求投資不可以只是放在銀行裡的帳面金額，而是實質的投資，甚至企業已經開始營運，所以商業計畫和一些預備工作（店面租約、器材預定或是員工聘用）必須都先完成，移民律師才能提出 E-2 申請。

馬克的 E-2 是直接向 AIT（美國在台協會）提出申請，繳交 E-2 申請材料，在 AIT 通過面談後，拿到五年的 E-2 簽證，小花與孩子則拿到五年相應的 E-2 配偶簽證。

在美國海關入境時，海關一般會給一家人分別兩年的居留期限。馬克的飲料店開在市區，客戶期望瞄準在年輕人群體。開店的過程，一開始門可羅雀，有點辛苦，後來打點小廣告，也雇用一些年輕人打工之後，慢慢有了起色。但飲料店仍需要一些長期的資金投入，然而 E-2 簽證不允許他在美國有其他的工作。COVID-19 之前他有時還會往返美國台灣，在台灣家族企業裡兼點差，同時還有一些投資被動收入，但 COVID-19 肆虐之後飲料店的生意受到影響，他倚靠之前的投資收入讓飲料店繼續營運，但現在面臨 E-2 五年簽證三個月後到期，他有點擔心以公司目前的營運狀況無法延簽。

小花帶孩子來美國一開始花了一點時間適應，打入當地生

活圈和媽媽交友圈。隨著孩子漸漸長大，進入當地免費的公立小學和幼兒園，小花也想要進入當地社區大學進修，展開事業第二春。

E-2 簽證有一大好處是目前配偶可不用申請工作證即可工作（法律可能有所更動）。另一大好處是持有效簽證入境，大多可再獲得兩年的居留期限。雖然馬克一家人的五年簽證即將在三個月後到期，但若他們離境後，在簽證到期前再入境美國，應該可以再獲得兩年居留期限，直到有人再離境為止。雖然馬克目前的飲料店在 COVID-19 期間營運不佳，但馬克決定再給自己兩年的時間努力看看。

諮詢易途專業團隊的建議後，馬克在未來簽證延期和現階段的商業經營上都獲益良多。有專業律師的服務和提點，可事先規劃好未來簽證延期的準備。另外易途團隊在商業模式上的建議，使得馬克的生意獲得改善，也替馬克在工作和生活上，找到一個更合適的平衡點。小花也能善用其進修與工作的機會，帶來額外的家庭收入，讓延簽變得更容易。

◯E-2 常見 Q&A

Q1：申請 E-2 簽證有國籍要求嗎？

A1：有，你必須是條約國公民。

Q2：E-2 可以直接轉換成移民綠卡的身分嗎？

A2：不可以，你必須先符合其他移民簽證的資格，如 EB-5，就能申請綠卡。

Q3：我創立的公司一定要雇用美國當地員工？

A3：是，E-2 簽證的目的就是要增加美國就業機會，所以必須僱用至少一名當地員工。

Q4：我該準備多少錢才能申請 E-2 簽證？

A4：E-2 沒有最低的投資金額要求，不同類型的商業活動所需要的資金都不相同。

Q5：我一定要創業才可以申請 E-2 簽證嗎？

A5：不一定，你也可以直接收購或加盟當地的連鎖企業。

Q6：我可以透過投資房地產申請 E-2 簽證嗎？

A6：不可以，你必須實際營運一家公司或一間店，有穩定獲利才行。

Q7：我的家人可以跟我一起到美國工作和生活嗎？

A7：可以，配偶和未滿 21 歲的子女都可以一起申請 E-2 簽證享有福利。

Q8：我可以用貸款來申請 E-2 簽證嗎？

A8：可以，只要貸款是以個人名義，而非 E-2 企業名義來做抵押，個人貸款可作為 E-2 投資的本金。

Q9：開一家珍珠奶茶店，成功申請 E-2 簽證的機率高嗎？

A9：只要商業企劃還有實際營運中能證明企業有利可圖，且不是獲利甚微，獲簽機率還是蠻高的。

02 外派高階主管的移民指南

2.0 的人生是每一個人的夢想，生活也都該因為努力而變得更好。

○ 什麼是 L-1A 簽證

L-1A 簽證是一種專屬於高階管理人員的非移民工作簽證，目的是想要吸引國際間的人才到美國工作。假如你今天是某跨國公司的高階主管，公司有意將你派遣到美國的子公司工作，藉由公司內部高階員工的調派，協助美國境內的業務發展，以提升經營管理的效率和競爭力；或是你是一個有抱負的企業家，在台灣已經有一門穩定經營的生意，想到美國拓展業務成立新公司，這樣的情況下，L-1A 簽證就是你前往美國最好的門票。在美國生活後，發現原來大家口中的美國夢，真的如此美好，而有了長期定居美國的念頭，這時你們手中的 L-1A 簽證將成為通往移民最快的捷徑。

在美國，簽證法的規定相當嚴格，L-1A 簽證近年來很受歡迎的原因是因為儘管它是非移民簽證，但簽證的持有人被允許具有移民或不移民的自由意願，也就是說就算海關知道你已丟出移民申請，具有移民意圖，你仍然可以持有 L-1A 非移民簽證入

境。當你的移民申請獲得批准後，而你配偶和未成年子女也可以同時獲得綠卡。

申請 L-1A 簽證時，必須由在美國任職的公司擔任申請人提出申請，即將被調派的員工是簽證的受益人，多了這一層申請人和受益人的關係。申請人必須符合合格公司的規範，受益人必須具備合格的職位。根據受益人的身分不同，美國移民局將 L-1 簽證分為 L-1A 和 L-1B 兩類，但在簽證發放時只會標註為 L-1 簽證。

L 簽證：	L-1A：適用於跨國公司高階管理人員內部調遣或企業家
	L-1B：適用於跨國公司專業技術人員
	L-2：是 L-1 簽證持有人的配偶和 21 歲以下的子女獲得的家屬簽證

*由於 L-1B 簽證無法通過 EB-1C 申請移民，所以書中不另做介紹。書中目前提到的 L-1 皆為 L-1A 高階經理人的非移民簽證。

○ 移民局對於 L-1A 簽證的詳細規範

L-1A（公司內部調派人員）

1. 若你為跨國企業的僱員，並被短期調派到現任職公司在美國的總公司、分公司、關係企業或子公司，你便需要申請 L-1A 簽證。

2. 該跨國企業可以是美國或外國機構。為符合 L-1A 簽證的資格，你必須擔任管理階層或行政主管職位，或擁有特殊專業知識，並計畫於美國公司的該級等職位任職，但不一定必須擔任與之前相同的職位。

3. 你必須證明在申請前往美國前三年內，你在美國以外，被你的公司連續聘僱至少一年。不論屬「集體」或個別申請。
4. 在你的美國公司或關係企業接獲移民局（USCIS）的批准呈請書後，你才可去美國使館申請護照上的 L-1A 簽證。

L-2（眷屬）

1. 若你為有效 L 簽證的主要持有人，你的配偶或（21 歲以下）未婚子女可申請此附屬簽證。
2. 由於最近 2022 年法令的改變，你的配偶不須申請工作證即可憑 L-2 簽證工作。然而這項法條隨時有可能調整，必須到時候與你的移民律師確認再工作。
3. 你的配偶必須要以他／她自己的 L-2 簽證進入美國，然後提出已填妥申請表，並需要繳交申請費。你的子女不得在美國工作。

○ 什麼是合格的公司關係（申請人）

在你提出 L-1A 簽證的申請前，移民局會先針對你所任職的公司和即將前往美國工作的公司進行合格關係的評估，衡量的標準在於所有權和控制權[12]。簡單來說，只要兩公司之間的關係符合母公司、子公司、附屬實體、合資實體，或是分公司就可以進

---

12 USCIS Adjudicator's Field Manual (AFM) ch. 32.6(b)

一步遞交 L-1A 簽證的申請。

企業實體之間的關聯關係，從風險、經營、股權以及合規等不同的角度出發，有時創建獨立的企業實體有一定的必要性。在同一群控制人或同一個品牌之下，看似是一家公司，其實可能存在大大小小不一樣的企業實體。這些實體之間可能會有業務往來，也可能只是為母公司各司其職。根據不同的股權和控制關係，不同的實體之間存在下面幾種主要關係：

1. 母公司（Parent Company）

母公司，顧名思義就是股權架構中最上方的存在，通常直接或者間接持有整個集團中其他實體。母公司通常自己沒有實際業務，僅僅作為控股公司。由於母公司通常持有其他實體的主要股份和投票權，能對旗下各實體的業務活動有決策權。在一些簡單的架構中，母公司也可能是一家有實際業務的公司，只不過同時也持有一些其他實體的股份。

2. 子公司（Subsidiary）

子公司指的是一家獨立實體的多數（51%）股份被另一家公司持有，那麼被持有股份的直接公司就稱為子公司。子公司有獨立的公司章程和經營範圍，只不過由於股權和控制權被母公司控制，母公司可以對子公司的經營和管理進行一些決策。

3. 附屬實體（Affiliated Entity）

附屬實體指的是一家獨立實體的非多數（49%）股份被另一家公司持有，那麼這家公司就被稱為母公司的附屬實體。在一些特殊情況下，建立或者收購一家附屬實體是一種可行的進場方式。例如，在某些監管下，母公司無法對該地區或領域的公司佔多數票，那麼採取附屬實體的方式則有可行性。如果兩家子公司被同一個母公司持有，那麼它們互相之間也被成為附屬實體。

4. 合資實體（Joint Venture）

如果兩方或者多方決定以合作的方式，將一些資源注入到一家新公司，並以這家新公司開展業務，那麼這家新的公司就叫做合資企業。通常合資雙方會按照出資比例分享合資企業的盈利，但有時也會有其他的入股方式並對最後的分紅產生影響。合資企業的優勢在於分擔成本和風險，以及共享資源和技術。

5. 分公司（Branch）

上述幾種公司類別的共同點是它們都是獨立存在的實體，只不過在股權和控制權上有關聯性。另一種常見的架構形式為分公司，通常為公司在不同地點設立的辦公機構，雖然分公司可能會有單獨的管理人員，但分公司不是獨立實體，其完全歸屬於母公司[13]。

---

13 Id. at ch. 32.2(b)

○ 符合申請資格的高階管理人（受益人）

一位高階管理人不能只是擁有頭銜，工作內容必須包含管理職責（Mangerial Duties）或執行職責（Executive Duties）。在符合規範後，才可以提出 L-1A 簽證的申請[14]。

首先，確認高階管理人是否符合合格的職責？

合格的執行職責	主導公司的管理階層或是重要的部門
	建立組織公司的目標和決策
	在公司的組織決策上有一定發言權
	只接受董事會、股東或公司最高層負責人的監管
合格的管理職責	管理一家公司、部門或是分公司
	監督指導高層員工的工作，這些高層員工通常具備專業能力，和一定的管理監督權限
	有權利解僱員工或是高階管理的決策
	對公司日常營運有決策自主權

接著，提交相關證明：

申請 L-1A 之前的三年內，在美國境外的公司連續聘僱至少一年
任職的海外跨國公司在和在美國的公司屬於母子公司、分公司或者附屬公司的關係，並且有實際的資金和業務的來往

最後，成功取得 L-1A 簽證。

14　Id. at ch. 32.2(d) and 8 USC Sec. 1101(a)(44)(A)

○如果我是公司股東且經營公司業務

如果我是公司股東（之一），而且經營公司（一部分）業務，可以以投資人的角色，申請 L-1A 簽證替公司到美國成立新分公司擴展業務嗎？

是的，到美國成立新的分公司也在 L-1A 簽證的申請範圍內[15]。

假如你是一家台灣公司的股東，那麼你可以藉由擴大公司業務的名義，在美國開設新分公司，派遣自己擔任高階主管，為自己辦理 L-1A 簽證到美國發展。

在美國成立一家新的公司，你只需要先準備公司的名稱，公司的地址，股票發行的數目，或是主管階級的人事分布等資料，就可以向美國州政府提出註冊公司。不需要一定的註冊資金或是具有公司法人的要求，要求相對來說寬鬆。接著再向聯邦政府申請稅號，開設銀行帳號，等待營運資金匯入後，就可以開始正式營運。

只要新公司符合合格公司的規範，移民官會從提供的詳細商業計畫書來評估是否核發簽證及延簽，最重要的是必須將新公司營運成是有系統且有規律性的商業活動。因為一家新公司的規模大小依行業類別不同而不同，營業額和員工數也會視行業所需來評估。

對於新設立的美國公司，首次 L-1A 簽證申請的有效期是一

15　9 FAM 402.12-9

年，意味著新公司必須在一年內將公司規模和業務發展到一定程度，提供受益人高階管理的職務，移民局才有可能再次同意簽證延期的申請。移民局在新公司 L-1A 延簽上審查相當嚴格，如果公司初期營運不佳，很可能會被拒絕延簽。

而營運一年以上的美國公司，首次 L-1A 簽證申請的有效期是三年，簽證到期後都可以提出延期申請，最長有效期為七年。當 L-1A 身分的最長效期到期以後，L-1A 簽證的持有人必須離開美國至少一年之後，才可以重新申請新的 L 簽證。

快速將新公司營運上軌道的方法除了直接將原本母公司的業務轉移到新的子公司，也可以透過收購或加盟一家成熟的當地公司，藉由原有的經營團隊協助和維持原有的業務，降低公司經營的風險。

目前美國移民局在 L-1A 簽證審核上面愈趨嚴格，幾乎都會收到材料補交通知，尤其是小規模企業申請案不容易通過，更需要完整的資料準備。在移民局沒有明確規範的情況下，建議交由專業的移民律師和會計師團隊來協助。

為什麼 L-1A 簽證有移民的捷徑之稱

L-1A 簽證需要先通過美國國土安全部移民局（USCIS）的申請，一般處理時間是六至十二個月左右。若是加急處理，最快十五天可以收到結果。通過 USCIS 申請後，申請人與其眷屬可以直接向居住地的美國使館／辦事處申請簽證章，入境美國。

在各方面的條件成熟下，L-1A 簽證持有人還可以直接提出

EB-1C 的移民申請快速獲取綠卡。這是為了鼓勵外國高級企業經理人或投資人在美國發展，相較於其他商業移民簽證來說，這是美國移民局給 L-1A 簽證的一個最大優勢。

O L-1A 簽證的優點

1. 無國籍的限制

相較於 E-2 簽證只適用於條約國公民，任何國家的公司，只要在美國有合格公司，就可以替內部的高階管理人員申請 L-1A 簽證前往美國工作。

2. 可多次入境美國，居留時間長

L-1 簽證分為一次性和多次性簽證，一般來說都會取得多次入境的資格，讓簽證持有人自由進出美國，節省時間成本，總共居留時間最多可長達五至七年。

3. L-1A 新公司簽證無企業投資資本額的具體要求

美國移民法對於申請 L-1A 簽證的跨國公司規模、投資額和公司註冊的資本額都沒有具體限制，另外，只要美國公司和海外公司之間保有從屬的關係，兩者之間不需要是相同的行業別。然而，如果美國公司的規模太小、員工數太少或不需層級分工管理，以致於無法證明高階企業經理人的需求和工作內容，L-1A 也不易通過[16]。

16　8 USC Sec. 1101(a)(44)(A)

4. 無雇員人數和薪資的要求

對於員工的數量無嚴格限制，員工的薪資（包含 L-1 企業經理人）不需比照美國勞工市場現行工資標準發放，可由母公司參考美國當地的生活標準自行決定。

5. 無名額限制，USCIS 可加急處理

2022 年平均來說六到十二個月就可以成功獲得 L-1A 簽證，如果申請人選擇加急處理，最快十五天內就可以獲得簽證。

6. 全家享有福利

L-1A 簽證的配偶可以合法在美國工作，21 歲以下未婚子女享有免費的公立中小學教育。如果要在美國就讀大學，無需轉換身分申請學生簽，可以向當地公立大學申請本州學費，享受本州學生待遇。但要注意就讀大學的子女一旦滿 21 歲，L 眷屬簽證立即失效，需要轉 F-1 學生簽證或其他簽證以留在美國。

7. 可以參與學習課程

只要課程範圍和 L-1A 簽證持有人的工作範疇相關，可以不需再額外申請學生身分，直接在美國參與學習課程。

8. 綠卡等待期間仍可持 L-1A 簽證出入境美國

L-1A 簽證同 H-1B 專業人士工作簽證，皆為可有移民企圖的非移民簽證。一般非移民簽證持有者，在丟出綠卡申請後的等待

期間，除非持有旅行證，不可隨意進出美國。但 L-1A 簽證允許移民企圖，持有該簽證進出不會被視為放棄綠卡申請，這讓需要時常旅行的商務人士便利不少。

○ 申請 L-1A 簽證該注意的事

由於 L-1A 簽證近年來大受歡迎，移民局的審查標準越來越嚴格，在申請時必須格外注意：

1. 商業的真實性

在美國的公司必須是一家正規經營的公司，薪資單、納稅紀錄、年度財報等相關資料都必須妥善保管。L-1A 簽證持有人必須親自參與經營管理公司，而不能委託外面商業團隊經營管理。

2. 續簽標準嚴格

審查官員會依照當初提交的商業計畫書來審查公司一年來的實際營運的狀況、是否提供足夠的就業機會、公司營業額是否達到標準、未來工作內容是否符合管理職……等等。若是你在美國的公司為新成立的公司，則第一次簽證只會有一年的效期，你必須在一年內將公司經營上軌道，並且雇用第一線員工，否則將無法續簽。

3. L-1A 持有者必須確實擔任管理職位

前面提到 L-1A 適用於跨國公司高階管理人員內部調遣或企

業家，也就是說，他必須要在公司有下屬員工和需要管理或決策的業務，同時也要有相應的工作經驗和學位。倘若 L-1A 的工作包含公司每日營運的第一線人員的工作內容，而且沒有幾位專業能力的下屬需要管理，就不符合 L-1A 的規定[17]。

4. 申請通常會要求補件

近年來 L-1 簽證申請有接近五成都會被要求補件，導致準備 L-1 申請需要繁瑣的公司紀錄和資料。移民局這幾年來對於 L 簽證審理愈趨嚴格，要求補件率和拒簽率大幅上升。申請者最好等資料安排齊全妥當，與移民律師和顧問討論後再進行申請作業，切勿躁進。

5. 公司營運成本高

成立新公司申請 L-1A 簽證，初期雖然不需要準備大筆金額，但後續經營管理公司的開支，例如支付員工薪水，辦公室資金等等，加總起來相對可觀，與 EB-5 投資移民直接投入一筆閒置資金不一樣。另外，雖然移民法沒有詳細規定僱員人數，但一般來說新成立的公司想申請簽證延期時，最好視公司營運型態，已經雇有三到五位員工（全職或兼職不拘），增加延簽通過機率。

17　INA Sec. 101(a)(44)

6. 有公司營運風險

持有 L-1A 簽證到美國開設新公司，其實就等於是一次的創業，創業的風險都是你必須承擔的風險。由海外的母公司直接收到美國當地經營良好的公司，再將現有的業務經營好，這是避開創業風險，也是成功續簽 L-1A 簽證的方法之一。

7. 子女滿 21 歲後須自行作身分的轉換

在美國滿 21 歲以後，子女就被視為獨立的個體，不能繼續依附在父母親名字之下，和 E-2 簽證規定相同。

○ 從 L-1A 簽證到 EB-1C 移民簽證

L-1A 是跨國公司經理人的非移民工作簽證，而 EB-1C 是跨國公司經理人的移民簽證，這也是為什麼 L-1A 簽證被稱為移民捷徑的主要原因。

從 L-1A 到 EB-1C 的過程，最原始的概念就是把申請 L-1A 簽證時的商業計畫書具體實現後，並擴大了公司的規模與業務，在對於美國經濟有實際貢獻後，直接向移民局提出移民的申請。兩者乍看之下類似，但實際條件要求有許多差異，我們會在 EB-1C 的部分再細談。

●L-1A 簽證更勝綠卡的優勢

美國綠卡主要的價值在於孩子的教育福利、合法自由的工作權、社會醫療福利、退休福利，以及在美國境內的永久居留權。

至於 L-1A 簽證總共有七年的居留時間，以及這期間內的子女教育福利和配偶的工作權，對於某些不考慮移民的高階主管或企業家來說，不需要配合綠卡公民權和居住權的要求下，可以彈性調配時間，其實更能滿足他們的需求。

至於拿 L-1A 簽證，不走移民的路，還有其他工作簽證選擇，如 H-1B 或 O-1 之類的，根據申請人的資歷和工作領域或經驗而定，需要跟移民律師商討合適的備案。

L-1A 簽證知識庫

●L-1A 與 E-2 簽證的比較

L-1A 和 E-2 簽證基本上都是針對在美國從事商業活動的外國人設立的，了解兩者之間的相似處和相異處，也更能知道自己的情況適合走哪一條路，請看下頁表格：

	L-1A	E-2
簽證類別	非移民工作簽證	非移民投資簽證
申請人	必須由在美國的公司為簽證持有人提交申請	簽證持有人本人提出申請
申請人資格	沒有國籍限制	只限條約國公民
在美國的停留時間	總停留時間最長七年，期滿須離境滿一年才能再次申請	可無限次數延簽，只要公司持續穩定經營
移民意圖	可以有移民意圖，直接申請綠卡	申請簽證時必須保證簽證到期就會返國，無移民意圖，否則會被拒簽。一旦開始申請綠卡，就不方便出入境或再申請 E-2 延簽
公司規範	公司籌備期間就可以先申請簽證，可獲一年的新公司 L-1，但剛成立的新公司申請續簽較困難	申請時，公司必須已實際運營中，或是預備營運需要的項目都差不多已到位
	簽證持有人無須持有公司股份	需至少持股 50%
	無明確員工人數限制，但必須有下屬員工和不直接參與公司第一線營運	無明確員工人數限制，但必須公司營運獲利超過 E-2 申請人家庭需求
資金需求	沒有要求	一般來說 15 萬美元起，看公司類型而定
配偶及子女福利	享工作和教育權利	享工作與教育權利

○ L-1A 常見 Q&A

Q1：L-1A 簽證持有人需長期待在美國境內的公司工作？

A1 ：不需要。L-1A 簽證持有人可以自由往返美國境內外的公司工作。

Q2：L-1A 簽證到期後，可以馬上重新再次申請嗎？

A2：不行。必須在美國境外至少待滿一年，才能再次重新申請 L-1A 簽證。

Q3：持有 L-1A 工作簽證，我能在美國換雇主嗎？

A3：不可以。即使新雇主和原雇主之間具有相關企業的關係，也不能更換。

Q4：我的學歷不高，會影響我申請 L-1A 簽證嗎？

A4：視情況而定。L-1A 簽證對於教育背景沒有最低的要求，重要的是管理公司的能力，所以需要有相關的工作經驗或學歷背景。

Q5：我們公司要到美國設立新的分公司，外派的主管也可以申請 L-1A 簽證嗎？

A5：可以。成立新公司也在規範內，只是給予的簽證效期會比較短。

Q6：拿到 L-1A 簽證後，什麼時候可以再遞交 EB-1C 的移民申請？

A6：視美國公司的營運時間和規模。如果美國的公司早已營運超過一年，且公司達一定規模，則公司可以隨時為受益人提出申請，不需等待持有 L-1A 簽證滿一年。

Q7：L-1A 簽證的持有人也必須是公司股東？

A7：不需要。簽證持有人只需要在公司任職超過一年，並且擔任高階主管的職務。

Q8：申請 L-1A 簽證需要準備很多錢嗎？

A8：不需要。但如果你是高階主管也是公司的老闆，就必須準備公司營運所需要的資金。

正式進入移民人生

◯ 到底什麼是移民

介紹移民簽證之前，你得先熟悉這幾個常見名詞：

簽證	進出美國的門票，依據類別不同，有不同限制，入境時可得到不等的居留時間
移民	申請永久居留權或公民身分
綠卡	拿到綠卡，就代表取得美國永久居留權，享受福利（工作權等），但也須在美國待夠一定居留時間
公民	歸化為公民，即為取得國籍，除了享有公民權（選舉權等），也必須盡公民義務（如陪審團員與全球收入繳稅等）
護照	取得公民身分後，才能申請美國護照，享受美國公民免簽和境外公民保護

移民美國的步驟主要可以分為：

1. 前期準備：認識移民的概念，選定移民項目，準備申請資料。

2. 申請綠卡：按照移民局的規範遞交申請書。
3. 維持綠卡：取得綠卡後，還必須維持綠卡身分，才能近一步入籍公民和申請美國護照。

對於綠卡持有者，大部分的國家都會有居留時間的要求，也就是俗稱的移民監，長期居住在其他國家的綠卡持有者，必須申請回美證才能繼續保有綠卡身分。綠卡有一定效期，期滿必須要申請新卡，若期滿未更換新卡，雖然仍保有綠卡身分，但買房、旅行出入境、駕照更新等都會有麻煩。

持有綠卡的好處有以下三點：

1. **可自由轉換雇主工作**：大部分非移民工作／投資簽證都有雇主／投資項目的限制，不能隨意更換雇主和工作內容，不能兼職其他工作，更不能辭職或失業。而綠卡持有者可以任意從事各種與專業有關或無關的工作，可兼職沒有任何限制，想不工作在家帶小孩或當米蟲也可以。
2. **沒有入境限制**：持有綠卡在入境通過海關時，不需要走非移民簽證的通道，不需要護照上有任何簽證（也不需要申請簽證），海關也不會詢問入境目的或給居留期限，通關快速也容易出入美國。
3. **可為非美國籍配偶申請綠卡**：雖然有時得等排期，但綠卡持有者有權利為其非美籍配偶申請綠卡。

若是你覺得被綠卡居住時間限制，想長居台灣，或是想要擁有美國公民所享有的權利，那麼你可以考慮拿到綠卡並滿足居留期限後（一般是三到五年），進一步申請入籍，使用美國護照進出才能不受居留時間約束。取得美國國籍也意味著可以享有公民的各種權利，如選舉與被選舉權、社會安全保險／社會福利、與聯邦政府就業機會等。此外，綠卡持有者可能會因為犯罪或其他原因被取消綠卡，甚至是被遣返回原國，但擁有公民身分就不必有這層擔憂。

台灣允許雙重國籍，所以取得美國籍能同時保有台灣籍，可自由進出兩國。但許多國家（如日本、印度、中國、新加坡等）的公民，不允許持有雙重國籍，取得美國公民就意味著放棄原有國籍，回國大不便。

移民的最終目標是綠卡還是護照，這是一個必須要好好思考的問題。

○ 為什麼大家想移民去美國

根據聯合國的世界人口政策報告，美國已經累計超過 4 千 6 百多萬的移民人口，而且人數每年持續增加中，在移民簽證供不應求得情況下，為什麼大家願意等待？為什麼大家願意為了移民美國，離開原本生活的舒適圈？

移民美國的三大考量：

· 教育考量。
· 工作／創業考量。
· 投資考量。

美國成熟又完善的教育體系，是許多父母理想的教育環境。若沒有綠卡或公民身分，國際學生到美國受教育的花費除了可觀，留學生們畢業後也常因為身分的關係，在找工作上既不自由，也受到許多的限制，所以許多父母會為了孩子提早規劃移民之路。

對於投資人、抱持理想的人或是想要變成更好的人來說，美國是一個充滿機會的國家，只要勇於挑戰或是願意付出努力，就有機會找到一個發光的舞台。美國擁有的市場和資源，在工作和創業的考量上，有很好的立基點，特別是在科技的創新或是商業模式的創新，都能有亮眼的成績表現。在美國政府不斷地調整法律和有效的監管下，整體商業環境是很健康而且活絡的，對於有商業意識的人或是想要增強自己商業意識的人來說，美國這個大市場能夠帶來的價值，是其他國家無可比較的。也因此，投資人想要透過監管的漏洞賺取暴利是很困難的事。

就台灣人的聰明才智和努力工作的彈性，在美國想要創造出更多倍價值的可能性是相當高的，想要創造人生的2.0，很多事情就必須做出改變。

○ 職業移民簽證（Employment-Based Visa）

在美國的移民體系中，主要有職業移民、親屬移民、婚姻移民三大項。其中職業移民簽證又分為五種優先級別，書中我們會從職業移民簽證第一優先類別的 C 項，也就是 EB-1C，和大家熟悉的 EB-5 投資移民來做介紹。

移民局對職業移民簽證人員分類的解釋：

1. **EB-1 優先工作者**：科學、文藝、教育、商業和體育各界的卓越人才；傑出的教授和研究員，及某些跨國公司主管和經理。

2. **EB-2 專業人才**：持有碩士學位以上的專業人士和在科學、文藝和商業各界中有特殊才能／成就的人。

3. **EB-3 專業僱員、技術和非技術性勞工**：持大學學位的專業僱員、至少有兩年工作經驗的技術性勞工、美國現時缺乏的其他勞工。

4. **EB-4 特殊移民**：某些宗教工作者、牧師、神父；某些國際性機構職員，和他們的家人；符合資格及被推薦的美國政府現任或舊日僱員。

5. **EB-5 投資人士**：申請人要在美國開辦一間新的企業，投資金額至少要 80 萬美元至 100 多萬美元，視工作所在地的失業率高低而定，並創造最少十個工作職位給沒有親屬關係的人。

一般職業移民簽證通常會經過以下三步驟的申請流程：

1. **外國人永久勞工證（Labor Certification）**：這必須向美國勞工局提出申請，測試美國國內勞動市場對該職位的供應，申請通過後才能進行下一步。

2. **I-140**：由美國雇主（申請人）向移民局提交，依照 EB 移民簽證的類別，對其外籍僱員（受益人）的移民申請。某些職業移民簽證類別，按照國籍的不同，就算通過 I-140 也必須要等待移民簽證排期才能進行下一步的綠卡申請。

3. **I-485 境內申請綠卡或透過美國使館境外提出移民簽證申請（Consular Processing, CP）**：由 I-140 的外籍受益人提出，須向移民局證明其出入境紀錄、犯罪記錄等，證明其有資格取得美國永久居留權（綠卡）。

買張 EB-1C 車票，搭上移民特快車

○ 什麼是 EB-1C

EB-1 是職業移民簽證中的第一優先類別，目的是希望國際間的菁英們到美國發揮影響力或對經濟做出貢獻，所以移民局給予 EB-1 簽證的配額很充足，每年有四萬個配額，另外未用完的特殊移民和投資移民的簽證配額，都會用於第一類優先 EB-1 移民，但也因為符合申請的受益人本身必須具有相當的能力或成就，通過的人數不多，目前在排期上沒有等待的問題。

EB-1 最大的優勢是不需要通過勞工局申請外國人勞工證（Labor Certification）。勞工證必須由雇主申請，透過測試美國本地的勞動市場，確認該職位聘用外籍人士的必要，所有相關費用都須由雇主支付，整個申請過程短則數月，長則超過一年，無法加急處理。拿到勞工證以後才能向移民局申請移民，因其申請類別也可能會遇到排期的問題。至於 EB-1 則直接跳過勞工證申請的部分，可直接向移民局提申請。某些 EB-1 的移民類別申請本身可以付費加急處理，移民局通常會在十五個工作天內給結果或要求補件，處理迅速也不需要等排期。若能符合資格，EB-1 通常會是職業移民簽證類別中最快速的管道。

　　EB-1 簽證又分為三小項，分別為：

EB-1A 傑出人才	適合五大領域（科學／體育／藝術／教育／商業）
EB-1B 學術人才	適合傑出教授和研究人員
EB-1C 管理人才	適合跨國公司的高階主管

　　EB-1C，EB-1 中的 C 類，屬於跨國公司高階經理人適用的移民簽證。

　　由於 EB-5 投資移民的投資額門檻太高、風險大且排期太長，越來越多想要移民的人會把專注力轉移到 EB-1C 上，透過 EB-1C 申請移民。雖然取得移民身分的速度快，但實際經營一家公司，要將公司成功營運到一定規模也不容易，需要很好的經營

管理能力和團隊協助，比一般創業難度高一些。相較於 EB-5 投資移民，投資人只要將資金投入美國做投資承擔的風險大不相同。

對於善於經營管理的企業家來說，選擇 EB-1C 做為移民的管道，除了展現自我工作的能力，也可以有為自己帶來更多財富的機會。

EB-1C 在申請時對於受益人沒有特別的語言、學歷和年齡要求，但在工作職責上必須符合跨國公司高階管理人員的標準。申請時排期較短，甚至有時候沒有排期限制，最快六個月拿到簽證，兩年後可以拿到綠卡，對於想要快速移民的企業家、股東或是公司高階管理人員來說，是很符合需求的途徑。通過申請後，配偶和子女也可以一同辦理綠卡。

EB-1C 和 EB-5 最大的差異：

EB-1C	EB-5
花費少，速度快	金額大，排期久
可參與企業經營，風險可控管	風險投資

○ EB-1C 必須具備的基本條件

· 跨國公司與美國公司存在符合規定的企業關聯（Qualified Relationship），例如子母公司（Parent/Subsidiary）或聯屬公司（Affiliates）。

・美國公司至少有一年以上的營運時間，且有持續性的商業行為和實體辦公室。

・受益人在入境美國的前三年內至少有一年在境外公司擔任高階管理職位（Managerial or Executive Position）[18]。

・受益人必須在美國公司擔任高階管理職位滿一年以上（不見得必須使用 L-1A 簽證）。

EB-1C 對公司間的企業關聯、公司存在時間、業務規模都有更嚴格要求。一般 EB-1C 合格企業關聯，對 L-1 也是合格的。但 L-1 合格的企業關聯，對 EB-1C 不一定合格。EB-1C 和 L-1 對企業關聯要求的細微差別包括：

1. 對公司實體的定義不盡相同。L-1 的境外關聯實體公司可以是個體戶（Sole Proprietorship），但 EB-1C 就不可以。如果申請 EB-1C 的美國實體公司是個體戶（Self-incorporated Petitioner/Company），它必須是 LLC 或是法律上獨立的公司法人，不能是外國人本身（Sole Proprietorship）。

2. 境外公司在美國開設分公司的情形，可以申請 L-1，但就不能申請 EB-1C[19]。

3. 境外公司與美國母公司為母子公司關係較容易通過審

18　8 CFR Sec. 204.5(j)(3)

19　AFM Sec. 22.2(i)(3)(B)(3)

查，或是合資實體（Joint Venture）也很常見[20]。

4. 境外公司必須在受益人申請綠卡期間維持營運。若境外公司在綠卡(I-140)審理期間結束營運，EB-1C 申請也可能被拒[21]。

5. 美國公司要能證明有能力去支付受益人（公司高級經理人）的薪水[22]。儘管不需經過勞工局的勞工證申請並符合其薪資要求，但若美國公司規模太小、或在草創初期，無法支付合理的高管薪資，EB-1C 申請也不易通過。

法規上雖然沒有直接規定，但美國移民局審核 EB-1C 要求其實比 L-1A 高許多，公司規模沒有到達一定程度被拒絕的比例很高[23]。一般只有數人的新企業投資被拒機率比較高。通常是有一定規模的中大型跨國企業比較有可能通過。

○ 申請 EB-1C 的三步驟

1. 美國公司通過移民局的公司關係審核後，提出證明受益人有擔任高階管理人的經驗。

2. 把受益人外派到美國開設或管理美國的公司。

3. 將美國公司經營起來，運轉良好後，就可以申請綠卡。

---

20 AFM Sec. 22.2(i)(3)(B)
21 AFM Sec. 22.2(l)(3)(C)(2)
22 8 CFR Sec. 204.5(g)(2)
23 AAO/AILA Liaison Meeting Minutes (Mar. 15, 2007) AILA Doc. No. 07051068

EB-1C 屬於一種有風險的創業移民，對美國的經濟必須有正面價值和貢獻，千萬不能有隨便開一家公司就好的念頭。若是不熟悉美國市場的運作，可以藉由收購或是入股美國當地的成熟企業，作為新公司經營管理，除了有現成的經營團隊跟公司品牌外，維持原有的業務也比開拓新的業務來得容易許多。申請 EB-1C 需要一套很完整的商業規劃，雖然 EB-1C 的取得速度快，但規劃得不夠詳細，移民官不會輕易核准簽證的。

○ EB-1C 簽證的優勢

　　越來越多人感興趣的 EB-1C 簽證，受歡迎的原因有：

1. 不需申請勞工簽證

　　跨國企業高階主管屬於優先勞工類別，可以省去勞工證的申請流程，大大縮短了整個移民申請的時間。

2. 可反覆申請直至成功

　　EB-1C 移民申請者是美國的公司基於商業原因和傑出人才需求而代受益人提出申請，即使第一次沒有通過，也不會直接在移民局留下個人不良紀錄，所以申請者可反覆申請到成功獲得簽證為止。

3. 簽證名額多且無排期

　　移民局給第一優先的就業移民充足的名額，而且沒有申請

排期的問題。

4. 無需特別解釋資金來源

高階經理人綠卡著重在經理人的工作內容、資歷和跨國企業的規模，不在於投資金額的多少。

5. 快速取得美國永久綠卡

條件滿足的話，從申請到獲得永久綠卡最快只需要兩年的時間。EB-1C 是少數在職業類別綠卡裡不允許申請加急（Premium Processing）的類別，但在 2022 年的 6 月和 7 月，移民局特別公布若滿足某些條件的 EB-1C，可申請加急。在申請綠卡的時程方面，需請教專業的移民律師，為你規劃申請。

6. 全家享有福利

EB-1C 簽證的配偶可以合法在美國工作，21 歲以下未婚子女享有免費的教育福利。

◯ 申請 EB-1C 需要注意的事

1. 不可自行申請

在移民局的法規下，EB-1C 的申請必須由美國公司作為雇主提出申請案，且須說明受益人的工作職責和時間等必要資訊。

2. 需提供證明

申請 EB-1C 簽證時，必須提供證明美國公司和跨國公司之間是否符合合格公司的關係。美國公司也必須提出受益人的工作職位符合規範的證明。

3. 新成立公司必須營運滿一年以上才有申請資格

新公司不具備 EB-1C 的申請資格，必須成立營運滿一年以上，才可以遞交申請。

4. 選擇收購或加盟現成美國的公司

收購或加盟現成的美國公司通常已經有一定規模、固有員工和市場客戶，可以縮短提出移民申請的時間，和節省高額的成立新公司的經營費用。

5. 須親自參與經營管理，且公司必須有一定規模

EB-1C 的受益人一定要是擔任高階的經理人或執行長的職位，就算是第一線的主管也不符合此資格。受益人的下屬得是專業人士，而非一般無技術的服務人員；其主要的工作內容也該是企業管理或企業未來方向的執行層面，而非公司日常業務操作。

換句話說，倘若公司的規模沒有到一定程度，而是只有雇用兩三位初階員工的小公司，申請 EB-1C 比較困難也較容易被拒。

6. 公司營運良好的關鍵

雖然沒有具體的標準，移民官會從公司的營業額、市場地位、公司員工數量、納稅額等等指標來評估，以及未來是否有繼續擴大的可能性。公司如果營運不佳，移民局可能評估其沒有能力負擔員工和 EB-1C 受益人的薪水。一般來說公司年營業額達 80 萬至 100 萬美元，僱用當地員工 8 至 10 位以上的公司，獲得批准的可能性較大。

EB-1C 簽證知識庫

○ EB-1C 與 EB-5 的比較

	EB-1C	EB-5
簽證類別	職業綠卡	投資綠卡
申請人	美國雇主	本人
資金需求	視公司營運而定，主要是看職位內容與企業規模與成熟度，而非資金本身	最少 80 萬美元，須解釋資金來源
簽證配額	配額充足	配額少
時間排期	短而快	慢而久
公司員工數	無具體要求，但要有專業人士為其下屬	至少 10 個員工
身分要求	高階主管	有錢人
風險性質	營運一家公司，相當於一次創業	投資有風險，但資金有機會可以拿回

L-1A／EB-1C 案例分享與分析

珍妮，從小就夢想成為一名建築師，從成大建築畢業以後，在美國攻讀建築碩士期間，和韓國籍的金先生相識結婚，並在就學期間在美國生下一個兒子，兒子因此具有美國公民身分。在美國畢業後，珍妮找到在紐約建築師事務所的工作，但在用 OPT 工作一段時間以後，因為 H-1B 簽證沒有抽到，珍妮只得先搬回台灣，先生則回韓國的貿易公司上班，平常在兩國間奔波當空中飛人。

珍妮回台灣以後在某知名建築公司工作，為了讓學齡的兒子到美國接受教育，也為了一家人能多點相處團聚，珍妮想要利用 E-2 簽證，投資 15 萬美元在美國成立一家建材進出口公司，100%的股份都為她所擁有。

在珍妮籌備 E-2 簽證期間，她也得知自己目前任職的建築公司，在美國併購了一間建築房地產開發商，想要拓展在美國的市場，而且有意派任她去管理美國部門的業務，可以為她辦理 L-1A 簽證。

珍妮會做什麼選擇呢？

案例分析：

珍妮很幸運，她有不同的非移民工作簽證可選擇。我們可能想先知道珍妮是否希望未來都在美國生活，甚至全家都移民到美國去。目前他們一家分隔兩地，若要一家團圓，可能到美

國是個不錯的選擇。

進可攻退可守的 E-2：

如果珍妮想試試看美國市場，嘗試看看全家人是否能重新適應美國的生活，同時離開目前工作，自己出來創業成為小企業主，也許 E-2 是個不錯的選擇。E-2 讓她老公可在美國當地另找符合專業的工作，孩子也可以入學讀書。建材進出口公司的話 15 萬美元的初始投資可能不見得很足夠，她需要有個完善的商業計畫書和明確的企業投資項目（比方說潛在訂單、存貨和合作廠商業主等），甚至需要募集一些多餘的資金才能成行。然而 E-2 的通過率不算低，而且只要營運順利，可以無限更新簽證。若一家人適應不良，選擇不延期而搬回台灣，也可以。

可成為移民橋樑的 L-1A：

倘若珍妮仍舊很喜歡她現在的雇主，也想為公司開拓美國市場而努力，她也可以選擇由公司出面幫她申請 L-1A，成為台灣建築公司在美國分部的主力。這樣她不必自掏腰包出來創業，只要運用她的專業與管理能力，重組整理美國併購的房地產公司，為公司扎下穩定的根基，珍妮一家也可以在美國落地深根，L-1A 也允許珍妮的老公在美國工作不受限制。珍妮的情況可能不需要用到 L-1A 新公司的簽證，而是走一般 L-1A 的管道，但需要好的商業計畫和評估以及經營團隊，同時珍妮也會

遇到比走 E-2 更複雜的人事管理問題以及企業重整的困難。如果公司經營順利，珍妮與先生也決定想在美國長住，可以考慮申請 EB-1C 取得美國綠卡；倘若併購的公司問題很多，需要較長的時間解決財務、公司產品方向、經營模式等問題，也可利用 L-1A 的期限獲得一些緩衝，等狀況改善了再申請 EB-1C。

魚與熊掌有時可兼得：

很多選擇不是走了 A 就無法選擇 B。以珍妮的情況，如果創業是她的夢想，拿到綠卡之後她可以選擇離職創業。如果她在 L-1A 時，台灣公司因為人事或內部鬥爭的問題，必須把她調回台灣，她還是可以日後選擇以 E-2 的方式重新回來美國創業，而且說不定到時因為已經熟悉美國市場，創業更成功業績更好！如果美國公司想要留珍妮下來，也可以單獨為珍妮申請 H-1B 抽籤，若抽中，珍妮也可以繼續留在美國公司工作。

唯一要注意的是，倘若一開始珍妮就選擇先離職走 E-2 創業，後來前任雇主想要開拓美國市場，而重新聯繫珍妮回去當美國地區的主管，珍妮不見得能走 L-1A，因為可能不符合 L-1A 的工作年限要求。但如果創業本來就是珍妮想走的，E-2 本身就能夠符合珍妮的大多需求，包括：孩子在美國受教育；一家人團圓，老公也可以在美國工作；創業夢想。那就繼續維持 E-2 也無妨，只是孩子就無法獲得綠卡，未來讀大學時面對就業可能也比較辛苦。

從這個案例，我們可以見到一開始就諮詢專業的移民律師和會計師團隊的重要性。一個專業的團隊，能夠給你投資風險評估，建議你投資產業大約所需金額以及風險，也能夠列出不同簽證途徑的選擇與各自限制優缺點，因應人生不同階段的變動彈性調整，讓你得到充分資訊，做出最適合自己的選擇！

◎ EB-1C 和 L-1A 常見 Q&A

EB-1C 和 L-1A 簽證是兩個相互獨立，卻又存在邏輯關係的項目，也有人稱 EB-1C 是專為 L-1A 設立的優先移民簽證。有一個好的經營團隊，對於 EB-1C 的移民申請就越容易通過。或是先申請 L-1A 簽證進入美國，等公司營運良好，再直接申請 EB-1C，也是可行的辦法。

Q1：EB-1C 和 L-1A 最大的不同？

A1：EB-1C 是移民簽證，L-1A 是非移民簽證。新成立營運未滿一年的公司，只能申請 L-1A 簽證，不能申請 EB-1C。

Q2：透過 L-1A 再申請 EB-1C 比較容易嗎？

A2：透過 L-1A 簽證累積受益人在美國相關的工作經驗，再來提出 EB-1C 的申請是相對容易的。同時，倘若移民局對於 EB-1C 受益人或是公司申請者的資格有疑慮，過去的 L-1A 批准紀錄有正面加分作用。

Q3：直接走 EB-1C 的成功率高嗎？

A3：直接申請 EB-1C 最大的好處在於節省 L-1A 簽證階段的時間成本和金錢成本。然而，EB-1C 的審核標準比 L-1A 高很多，通常美國公司的規模要求比較高，才能確保受益人確實是擔任高階經理人或執行長的職位。同時，由於移民局加大了對於詐欺行為的審核度，超過 50％的機率會進一步要求申請人提出大量的證明資料（Request for Evidence），以證明企業申請人和 EB-1C 受益人符合申請要件。倘若美國公司已有一定規模且過去幾年營業額不錯、提交的商業計畫書真實且完善、並且受益人的經營管理背景強大，可考慮直接走 EB-1C，有一定成功機率。然而要注意申請和審核時間，若受益人本身不在美國，EB-1C 需要在境外等待的時間會比較久。

03 NIW，有才就能取得 美國綠卡的新時代

從有財移民，到有才移民的新時代。

○ 什麼是 NIW

NIW，National Interest Waiver，國家利益豁免移民，屬於美國職業移民中第二優先類別裡的一種特例。正常來說透過 EB-2 申請移民，申請人需要由美國雇主做出擔保和永久性的工作承諾，以及協助申請勞工證。但 NIW 認為只要你的背景夠優秀，專業或成就表現優於同行，並且能為美國國家利益做出貢獻，就能夠免去那些費時又費心的過程，直接向移民局遞交綠卡的申請。只是乍聽之下，國家利益似乎離我們很遠，什麼樣的優秀人才能夠為美國的國家利益帶來貢獻呢？

○ 申請 NIW 的條件

有人比喻 NIW 是低階版的 EB-1A 傑出人才移民，申請的條件門檻較低，申請人的範圍較廣，更像是一種優秀人才的移民，而他們所從事的工作必須具有實質的價值，而且創造出的工作效益影響的是全國性，而非地域性的。

申請 NIW 時必須同時滿足兩大要求，一是學歷或能力的要

求，二是證明申請人可以為美國帶來國家利益。

第一道門檻：學歷或能力要求

・學歷的要求。

申請人必須符合其中之一項的規範。

碩士及以上的學歷
學士學位＋五年以上的相關全職工作經驗

・能力的要求。

如果申請人無法符合學歷要求，則申請人必須滿足能力要求，也就是說，在專業領域中，要有超越同行的表現，必須滿足六項評估標準中的三項，那也滿足 NIW 的第一條門檻。

獲得學院或大學等機構頒發的學術證明
在專業領域中有十年以上的全職工作經驗
在相關領域中有從業執照
由特殊技能所獲得的薪水或報酬
是專業協會的會員
經由同行或政府，其他專業機構的認可，對於某領域有卓越的成就與貢獻

第二道門檻：證明申請人可以為美國帶來國家利益

在過去移民局對於符合國家利益沒有詳細的解釋或依循的標準，申請人怎麼將過去的成就轉換成對預期未來的影響，可以從這三個方向來準備證明文件：

1. 申請人的工作具有實質性的價值和國家級的重要性。
2. 申請人本身專業有利於促進該領域的發展。
3. 證明豁免申請人的勞工證要求對美國是有利的。

NIW 的申請人首先必須證明自己從事的工作是有價值，而且對美國具全國性的影響。接著藉由曾經發表的期刊文章或是取得的成就表現，來證明自己的能力足以推動該領域的發展。最後移民局會從申請人赴美的急迫性、成就的獨特性，以及能否創造出就業等因素來全面考量申請人是否可以取得 NIW 簽證。

NIW 對於優秀人才的定義尚無明確標準，看重的是主觀性的描述，一個有經驗的移民團隊可以很清楚又完美的知道如何利用客觀的證據幫申請人說明主觀性的優秀表現。這份申請通常需要業界或學界有利的推薦信、第三方的報導或研究說明其領域的重要性、以及申請人本身已取得業界認可的成就或獎項，來證明申請人的專業能力與國家利益的關聯，同時律師團隊的請願書對於 NIW 的成功與否，有很關鍵的影響。

在過去，這幾個領域是最常有人成功申請 NIW 的：

· 促進美國經濟發展。
· 改善美國工人的薪資水準及工作條件。
· 為美國兒童提供教育課程。
· 為美國失業勞工提供訓練課程。
· 改善醫療和健康環境。

· 改善老人或貧困居民的居住環境。

· 為美國政府或機構完成特定任務。

但 2022 年開始，美國放寬了 STEM 專業人才申請的要求，也額外列出了二千個重點研究領域，等於變相的拓寬了 NIW 的範圍，並且在 2022 年的 3 月開始，美國宣布 NIW 國家利益豁免加入 PP 加級申請列表中，只要交納 2,500 美元的加急費，最慢在 45 天內可以獲得審理結果，大大的節省了移民的時間。

○ 怎樣的人能夠申請 NIW

在過去，大部分申請 NIW 的人士，多為在美國讀研究所、拿到碩博士、在業界或學術界的研究室工作的專業人士，許多來自中國與印度等綠卡排期要等較久的國家的申請人，更是把 NIW 當作是拿 EB-1 的試金石，先拿到 NIW 再申請 EB-1。這簽證常被研究領域的人所使用的原因是，大部分的研究專利或發明，都可以不受地域限制，能在全美發揮影響力，整體上對美國國家利益有幫助。

然而近幾年來，為什麼越來越多商務業界人士使用 NIW 申請美國綠卡？因為如果申請者能夠證明，自己的專業或投資的產業，對美國的整體經濟發展有助益，或是被認可為國家發展的重點產業，其銷售市場並非限於某一區域的地方經濟，而是可以透過網路布及全美，就有機會能夠申請成功。NIW 申請的重點在於整體國家利益、自己專業能力、過去企業領導力和成功經驗、未

來行業貢獻展望的證明，而非證明其預期獲利和個體商業模式的成功而已。

　　適合申請 NIW 的企業人士，通常擁有高學歷、有相關證照技術甚至專利、門脈廣、本身專業在美國策略性重點發展的產業，如在半導體、電機、特殊礦物材料、製造業、甚至是製藥等的相關產業鏈；或是本身商業目標帶有附加的社會貢獻價值，如綠色建築、高科技創新產業孵化等。本身的學位不需在美國取得，一樣有機會可以申請到綠卡。

○NIW 的優勢在哪裡

- **自主性**：NIW 最大的優勢在於，不需要透過任何在美國成立的公司或任何美國雇主來提出申請，自己就可以自己的資歷向美國移民局申請綠卡。這是非常少數、不需要任何擔保人（Sponsorship）的支持和不需要測試美國國內勞動市場（Labor Certification，也就是所謂的勞工證）就可以自己申辦的綠卡。

- **不需提前承擔投資風險**：NIW 不像是 EB-5 投資綠卡或 E-2 非移民投資簽證，不需要在申請簽證前就投入不可輕易撤回的投資資金，才能符合簽證申請的資格。然而如果想要通過在美國使館的綠卡面試，也必須要準備一定的商業計畫書和工作機會才能說服使館官員，拿到綠卡進入美國之後，仍然會在其專業領域對美國國家利益有所

貢獻。

· **一步到位的永久綠卡**：NIW 獲批之後，可以直接向美國使館或美國移民局提交綠卡申請，拿到的綠卡是為期十年的永久綠卡，而非條件式臨時綠卡。

· **充足簽證名額**：NIW 歸類為第二優先綠卡 EB-2 的排期。雖然沒有像 EB-1C 那樣充足的名額，但一般而言對於非在中國、印度、墨西哥或菲律賓出生的申請人而言，通常只要 NIW 獲批，不需等待即可丟出綠卡申請。

· **可同時申請其他移民項目**：我們建議你不需要把雞蛋放在同一個籃子裡。同時申請 EB-1 和 NIW、或是 EB-5 和 NIW，對於很多想儘早移民的人來說是一件可以大幅增加成功率和縮短等待時間的可行方案。但是如果你現在拿的是非移民簽證，丟出 NIW I-140 申請和獲批，可能會說明你有移民企圖，在申請簽證或是更新簽證時可能會造成影響。如有疑問，請諮詢律師團隊，為你安排比較合適的簽證策略。

· **可重複提出申請**：如果申請 NIW 沒有通過，先前的不成功紀錄不會影響到新申請的獲批率，等未來多累積一點資歷，再申請也是有可能會通過的。

○ NIW 需要注意的地方

· **獲批率不確定**：根據美國移民局 USCIS 公布的統計資料，一般 EB-2 獲批率在九成以上，但 USCIS 並沒有針對 NIW 公布其獲批率，而且 NIW 的要求條件和一般 EB-2 相差甚大，也不需雇主提交申請。NIW 獲批率可參考和其性質相近的 EB-1A，歷史上 EB-1A 的獲批率約在五成到八成之間，NIW 可能比 EB-1A 稍高，約六成到九成。

· **所需文件多且繁雜**：大部分 NIW 的申請，都須提供所有申請人在其專業領域中過去成就詳細證明，同時以其他專業人士的親筆背書，與其他第三方提供的資料線索來證明其專業領域的重要性與成就。如果是走企業型的 NIW，則必需要提供一份商業企劃和未來預期計畫。也因此，一份好的申請請願書（Petition Letter)和律師至關重要。請願書的功能在於把這些證明與背書連結起來，向審查官員解釋其中關聯並說服他們批准申請。申請人必須和律師與其團隊合作，提供相關資料才能提高獲批率。

NIW 簽證知識庫

○ NIW 與 EB-5、EB-1C 的比較

許多申辦 EB-5 的申請人，在自己的工作領域上，其實都有相當優越的表現，才能累積足夠的移民資產。許多 EB-1C 的申請者也是如此，因為夠優秀，才能被外派為跨國公司的高管，或是

來美國成立一間有點規模的新分部。如果能夠將這些優越的表現，交由專業的移民團隊來協助，客觀的提出相關證明文件，都有機會透過 NIW 大幅縮短等待移民的時間。

雖然在申請文件的準備上，EB-5 來得簡單許多，只要具備足夠資金，並且創造就業機會，就能獲取綠卡；EB-1C 也是只要證明在美公司的成熟度和規模，就比較容易申請到綠卡。NIW 的外籍申請人必須準備齊全的優秀表現證明文件，而令人卻步。但多一點的準備時間，少很多的等待時間，同時又不需要受制於美國雇主的背書擔保，這些彈性對於申請人來說都是值得的。

	NIW	EB-5	EB-1C
移民項目	國家利益豁免移民	投資移民	跨國公司高級管理執行人員
投資金額	無投資金額要求	80 萬美元起	無投資金額要求
工作要求	無需雇主	需要創造合格的就業機會	需要雇主
申請文件	越齊全越好	容易準備	需要
是否需具備勞工證	無需勞工證	無需勞工證	無需勞工證
簽證排期	審查時間短	最少七年起	審查時間短
綠卡資格	一步到位的永久綠卡	從臨時綠卡到永久綠卡	一步到位的永久綠卡
整體花費	申辦成本低	申辦成本超高	申辦成本相對低

○ NIW 常見 Q&A

Q1：國家利益豁免移民是免除了什麼？

A1：免除了工作證的申請程序（Labor Certification）和雇主的

擔保，以及永久性的工作承諾。

Q2：美國對於優秀人才有評斷標準嗎？
A2：法律條文對於優秀人才沒有明確的定義，這是一項很主觀的移民項目。申請人只要能客觀的舉證本身能力優於同行，提出符合申請的基本規範的相關證據或證詞，都可以申請 NIW。

Q3：我需要已經在美國工作才能申請 NIW 嗎？
A3：不需要。在美國境外工作的外籍人士也可以直接申請 NIW。當然在美國已經有工作這部分會有加分效果。

Q4：我成功申請了 NIW 後，可以轉換工作領域嗎？
A4：申請提出後、拿到綠卡或公民身分前不建議轉換工作領域。申請綠卡和公民時，都必須證明在 NIW 的領域中有持續相關的貢獻和努力。但轉換同領域內的雇主不會影響綠卡或公民申請。

Q5：目前 NIW 的排期大概是多久？
A5：以非中國、印度的申請人而言，大部分不需等待排期，通過後即可申請綠卡。實際排期須看當月國務院發布的 Visa Bulletin 決定。

Q6：同時申請 EB-1C 和 NIW 成功移民的機會會較大嗎？

A6：許多人會把 NIW 作為保底或試水溫的申請，在移民法中並沒有禁止多重申請，多重申請的確可以提高個別申請人通過 I-140 的機會。

Q7：我怎麼證明我的能力表現能夠為國家帶來利益？

A7：移民局官員通常不會單靠一兩項證據認為你的能力和專業領域能符合國家利益。他們是看整體申請書的呈現和申請人的綜合資料。由於這些案件的批准是靠審理官員的主觀認定，建議交由專業的移民團隊來協助呈現赴美的計畫。

04 80年代開始最熱門的移民方式

談到移民，你不能不知道的 EB-5 投資移民。

○ 關於 EB-5 投資移民簽證

80 年代開始，投資移民就是一股熱潮。為了讓美國經濟受益，美國國會於 1990 年創建了 EB-5 投資移民簽證，以換取綠卡的合法永久居留身分，來吸引有經濟實力的外國人將資金注入美國市場，創造美國的就業機會。根據移民和國籍法，每年有一萬個簽證名額給投資移民者及其配偶和 21 歲以下的未婚子女。

在當時由於 EB-5 對於申請人本身條件的低要求，沒有語言學經歷或工作等限制，只要具備足夠資金，便可以遞交申請。不僅申請時間快且容易，就像是一條移民的便捷渠道，大量的申請案件湧入移民局，在每年有限的名額下，申請案件日益積累，而導致申請 EB-5 投資移民案件審理速度慢且排期長的現況[24]。

24　了解美國綠卡排期，請見美國國務院網站：https://travel.state.gov/content/travel/en/legal/visa-law0/visa-bulletin.html

EB-5 簽證最重要的事

EB-5	・Employment-Based Immigration 職業移民中的第五類別
簽證名額	・每年有 1 萬個名額
投資人條件	・年齡滿 18 歲以上即可申請，無語言、學歷、商業經歷背景等要求 ・需證明個人擁有 70 萬到100 萬美元的淨資產 ・合法資金來源取得
直投 （Direct）	・投資人在美國境內直接投資成立新創公司，申請綠卡 ・投資金額根據投資地區的不同，最低從 80 萬美元或 105 萬美元起 ・新創公司必須至少直接創造 10 個工作機會 ・投資人必須參與公司管理，制定決策
區域中心 （Regional Center）	・投資人透過區域中心的專案投資，申請綠卡 ・區域中心投資專案最低金額為 80 萬美元起 ・投資項目方必須證明投資專案直接或間接創造 10 個工作機會 ・投資人無須參與投資專案管理，並無居住地的限制

○ 了解 EB-5 的投資要求

EB-5 的投資人透過在新的商業實體中，投入法律規定的最低投資額，先獲得為期兩年的臨時綠卡，在臨時綠卡到期前的 90 天，若是投資項目持續進行中，且成功創造出 10 個全職的工作機會，便可進一步申請永久綠卡。

既然是藉由投資來移民，那麼我們必須了解投資的相關要求。EB-5 簽證的要求主要有三大項：投資金額、創造工作職位、以及投資方式——直投與區域中心。

·投資金額

根據 2022 年 3 月 15 日最新法律規定，EB-5 簽證申請人會被要求投資最低 80 萬美元或 105 萬美元的資本到一個美國的商業實體中，資本投入的形式可以是現金、庫存、有形資產等。資本投入的地點有目標就業區和非目標就業區之分。

在非目標就業區，EB-5 最低投資資本是 105 萬美元，每五年會隨著通貨膨脹而調整一次。而目標就業區（TEA），即高失業率地區和偏遠鄉村地區，則是 80 萬美元。高失業率地區雖然失業率高，但並不代表它是不好的地區，美國計算失業率的方式是以該地區當中常住人口的就業率和失業數據來計算，越來越多人會為了居住品質而選擇郊區作為居住地，也可能因此導致某些市中心的失業率計算結果偏高而符合 TEA 地區的標準。而偏遠鄉村地區指的是居住人口少於 2 萬人的地區。

·創造工作職位

美國移民局要求 EB-5 投資人必須在美國創造出 10 個全職永久性的工作機會，不能是暫時項目，且必須是在投資人獲得臨時綠卡後的兩年內完成，才有資格申請永久綠卡。這 10 個全職工作機會必須給美國公民或綠卡持有者，不可包含 EB-5 投資人及其眷屬家人，也不可用於其他非移民簽證申請。

·投資方式：直投與區域中心

EB-5 投資人可以透過兩種不同的商業實體進行投資，直投與

區域中心。

　　第一種是俗稱直投的直接投資。投資人直接以個人名義將資金投入新的商業機構中,成為股東一員。過程中,投資人必須負起監督和管理的職責,投資人通常會選擇與投資地點相同的居住地,以便管理和參與投資運作。選擇直投方式的投資人,有機會得到較高的投資報酬,因為他們的收益和投資項目的收益有直接關係,因此,適合喜歡有主導權的投資人。直投的項目通常有獨立餐館、連鎖加盟餐館、洗車行、美甲美容店,或是其他零售商店等中小型項目。這些項目必須在兩年內至少創造出十個全職工作機會,且兩年內的投資資金不可以贖回,同時這些直投項目不適合集資,通常是單一投資人提供所有項目所需的款項。

　　第二種則是討論度很高的區域中心。區域中心等同於募款集資機構(可公營或私營),必須先取得美國移民局和美國證券交易委員會的許可後,才可以開始資金的募集,目的是為了提升區域的經濟發展。區域中心募得多位投資人的資金後,再將資金借貸給有資金需求的大型開發公司或是建商,進行各種新開發案,產生大量的工作機會。投資人在區域中心項目中是以有限合夥人的形式參與,不需直接管理投資項目,在居住地的選擇上也較無限制。選擇區域中心做為投資方式,對投資人來說是較為節省時間和精力的,通常適合只想移民,不想涉獵過多關於投資企業營運細節的投資人。區域中心的投資結構通常大且複雜,雖然多半可以創造出十個以上的全職工作機會,但是費用較高回報率較低。

兩種投資方式各有優勢，成功度也都相當的高，而且 EB-5 的投資範圍很廣，幾乎沒有領域的限制。

直投和區域中心的不同

	直投	區域中心
資本形式	現金、設備、庫存等不同形式	通常要求現金
投資型態	小型零售商店，如餐廳旅館等	大型開發案，如購物中心等
投資計畫	不需經過移民局預審	需經過相關單位批准，耗時較長
投資人角色	主動參與	較被動
投資收益	有機會收益較高，但營運風險也高	風險較低，收益較低
投資人選擇比例	10%以下	90%以上

○ 淺談 EB-5 投資移民的風險

　　EB-5 投資移民存在的風險，除了商業風險，還有道德風險以及法律風險。

　　對於 EB-5 投資移民的申請人來說，主要的目的是移民，而非投資賺錢。投資人承擔了所有風險，以商業風險來說，凡投資必有風險，投資人將大筆資金投入選中的項目中，基本上除了不被允許中途撤資，在實際操作後，投資是否能創造出利潤，或是導致資金縮水都是無可預測的。若是投資人遇到投資項目方聲稱保證投資獲利，則更應該小心謹慎評估可信度。

另外投資人也必須承擔移民法律的風險，投資人的投資項目是否能夠受到移民局的批准，取得臨時綠卡和永久綠卡也具不確定性。在臨時綠卡到期前，遞交申請永久綠卡的過程中，成功轉換的必要條件是證明創造出十個合格的工作機會。若是轉換過程不順利，申請人也必須預先設想下一步的規劃該怎麼走。

　　還有一種風險是道德風險，指的是投資的項目方，如區域中心，或是項目營運人，在實際操作時，是否符合道德規範，這也是申請 EB-5 投資移民成功與否的最大風險。遇到一個道德或人品有瑕疵的項目方，將個人利益或慾望凌駕於投資人的前途上，濫用投資款項，導致投資失敗，除了影響投資項目的順利進行，也會造成投資人無法取得綠卡和人財兩失的困境。

　　EB-5 投資移民也因此成為較具爭議的一項移民簽證。選擇 EB-5 投資移民作為實現美國夢的人，除了需要足夠的經濟實力，面對風險必須有一顆堅決的心。

　　總而言之，80 年代最受歡迎的移民方式還是有它一定的魅力存在。

　　大林的爸爸是早期台灣紡織廠的大戶，家境富裕，後來爸爸轉往中國市場，兼作服裝製鞋業生產，在東莞和安徽擁有好幾個大廠。大林在大學時原本讀化工專業，後來赴美轉攻商科MBA。由於爸爸盼望大林未來能夠繼承自己的產業，他畢業後立刻返回台灣接手爸爸在台部分的企業，工作數年後與在美國相識、同為 MBA 的台灣同學結婚生子。

　　好景不常，孩子兩三歲時被檢查出有高功能型自閉症傾向，智商很高但是不易融入社交群體。大林很擔心台灣現有的教育環境無法給孩子妥善的發展空間，做了些功課以後，覺得美國的教育環境或許比較適合孩子成長。

　　另一方面，大林的爸爸對他深感虧欠，覺得當初大林在美國有大好的發展機會，應該讓他在外面闖蕩磨練，不該以自己的私心要求他立刻回台灣接管在台企業。聽了一些中國同事的建議後，於是提議大林全家以 EB-5 的方式移民美國，而他願意提供所需資金。大林自己也想在美國發展，回想起當初在美求學的經歷，在台工作幾年的他，對美國市場也躍躍欲試。然而大林的妻子還是更喜歡台北的生活環境與便利性，家人好友圈都在台灣，也喜歡目前在台灣的工作，希望不要這麼快移民，就算去也只想去生活便利的城市。

　　大林一家的移民之路會如何進行呢？

2022年重新啟動的 EB-5

2021 年 6 月美國區域中心法案到期後，國會既沒有新的法案通過，對於原有的法案也不通過延期，導致區域中心項目進入了一段暫停期。投資移民對於美國經濟來說，是一個重要的環節，直到 2022 年 3 月，區域中心計畫才又重新啟動，對於 EB-5 投資人來說，新法對於保障投資人和更加嚴格的規範區域中心，並成立一筆基金來控管區域中心的投資運作，以保護投資人避免投資詐騙的狀況，都是更正向且有助於 EB-5 申請人順利取得綠卡[25]。

○ 新版 EB-5 投資移民的規範

對於 EB-5 投資移民簽證，有了大框架的認識後，正在考慮該選擇哪一種移民方案合適的你，得進一步了解更多相關的細節。

・投資資金規範

投資人必須為資本的合法所有人，並且具備資金合法來源的證明。

舊制：目標就業區 50 萬美元 普通地區 100 萬美元	→	新制：目標就業區 80 萬美元 普通地區 105 萬美元

25　EB-5 新法的一些更新請見美國移民局網站：https://www.uscis.gov/working-in-the-united-states/permanent-workers/employment-based-immigration-fifth-preference-eb-5/eb-5-whats-new

・對於投資人的要求

對於投資人沒有任何學歷、商業經歷、工作經驗或語言的要求，只需年滿 18 歲，學生身分亦可申請。

・對於投資人的保障

EB-5 新法對於投資人多了一層保障，若是投資人的投資項目失敗，在 2022 年後遞交案件的投資人還是可以申請永久綠卡，但對於投資失敗的官方定義，目前尚無標準可循。另外，允許曾經遭到拒簽的申請人重新投資新項目，可保留優先日，再投資項目不局限於原區域中心，可以選擇全美國任何符合要求的項目。

・工作職位創造的要求

投資人不管選擇直投或區域中心，都必須為美國創造至少十個全職的就業機會，創造就業是 EB-5 簽證是否成功取得的核心因素。

選擇直投的投資人，被要求投資的企業必須創造出十個直接的就業機會，如直接聘僱十個全職員工，且通常得是永久職位而非暫時約聘職位。相較之下，區域中心對於創造就業的標準較為寬鬆，有直接就業和間接就業兩種計算方式。間接就業指的是只要是和投資項目相關行業的就業機會，都可列入計算，例如一項興建大型購物中心的 EB-5 項目，建設期間帶動了相關材料公司必須增聘的員工，都列入創造就業的計算。一般來說，區域中心對於創造的工作機會比起直投項目會高出許多。

・簽證取得排期

大家最關注的排期議題，新法並無法明確縮短 EB-5 取得綠卡的時間。但在新法案中，新增「同時提交申請以調整身分」的條款，已經可以讓以非移民簽證居住在美國的 EB-5 投資人，例如 E-2 投資人或 F-1 學生，可以提交臨時綠卡的申請，同時申請身分的調整。這項條款對於申請人來說最大的好處是自由靈活度，等待簽證批准的期間，保有合法待在美國尋找工作或商業機會，以及出國旅行的自由。

・簽證預留名額

移民簽證將優先保留 20% 給偏遠地區項目，10% 用於高失業率地區，2% 用於政府新增加的基礎建設項目，其餘的 68% 則是先到先得。

・投資項目方的要求

新法案下，新項目的商業計畫（包括所有相關人員和公司的詳細資訊和合規要求等），都必須先送移民局審核（需 I-924 送件）。

EB-5 申請程序需要先由投資的項目方向移民局遞交樣本申請，移民局收到後，投資人才能遞交申請表格 I-529 以及綠卡申請（如果人在美國要遞交 I-485 或人在國外申請使館面談遞交 DS-260）。

‧加強區域中心的管理

新的區域中心法案加強了反欺詐和對國家安全的保護，並採取一系列的誠信措施，如區域中心必須向美國政府提交更多關於項目的細節，例如審計、證券，及營銷等，並且需證明無不良紀錄，讓區域中心的營運更為透明化，保護誠信的移民投資人。

另外，移民局也將實地考察項目。如果區域中心或區域中心管理人員違規，申請人可以更換區域中心或更換管理人員，申請不受影響。

‧新增祖父法案

2026 年 09 月 30 日前遞交的 EB-5 申請案皆適用，若未來法案到期，已遞件的申請案仍能可以持續審理。

○ EB-5 投資移民的申請流程

遞交 EB-5 的申請時，投資人必須委託專業律師和 EB-5 投資移民團隊代為遞交移民局申請。

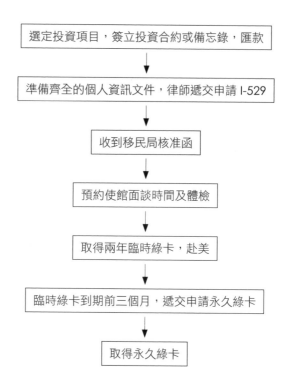

選定投資項目，簽立投資合約或備忘錄，匯款

準備齊全的個人資訊文件，律師遞交申請 I-529

收到移民局核准函

預約使館面談時間及體檢

取得兩年臨時綠卡，赴美

臨時綠卡到期前三個月，遞交申請永久綠卡

取得永久綠卡

○ EB-5 投資移民的適合族群

　　許多父母都希望孩子們能在一個良好的教育環境下成長，美國重視個人價值的文化和培養人才的教育體制，使得美國成為他們的首選。對於很多退休人士，或是頻繁進出美國的商務人士來說，生活在美國可以依照個人的喜好來選擇想要的生活環境，美國具備優勢的商業環境以及潛力和機會，使得移民美國也是他們的首選。透過 EB-5 投資移民取得綠卡，申請期間不需要雇主擔保，沒有學歷和經歷要求，取得臨時綠卡後，就能入境美國，享受當地的教育、工作及社會福利，也是一個能讓父母提早替孩

子規劃未來的方式。

○ 申請 EB-5 需要特別注意的地方

1. 由於移民局積件關係，綠卡的取得速度太慢，從預備申請 I-529 到取得臨時綠卡可能需要兩年以上，永久綠卡再加上四年的時間。如果你在中國或印度出生，第一階段臨時綠卡就要再等上七至八年以上的排期[26]。

2. 投資風險太高，且無法保證取得綠卡，這也是 EB-5 投資移民無法解決的缺點。

26　這裡要注意兩個不同美國政府機構的等待期，一是移民局的案件審理期，另一則是美國國務院的排期。美國移民局的案件審理期可參考移民局網站：https://egov.uscis.gov/processing-times/。美國國務院的排期請見國務院網站：https://travel.state.gov/content/travel/en/legal/visa-law0/visa-bulletin.html

大林一家的 EB-5 移民之路——諮詢

　　大林一家首先要決定投資的金額。一般而言 EB-5 最少也要 80 萬美元，然而這僅限於目標就業區，即高失業率地區和偏遠鄉村地區，否則在非目標就業區，EB-5 最低投資資本是 105 萬美元，每五年會隨著通貨膨脹而調整一次。大林的太太想要住在城市，生活與交通機能也較好的地方，同時他們全家移民的目的是為了自閉症的孩子，城市裡的教育資源也較好。所以如果他們想做 EB-5 的直投（也就是自己下去經營管理投資項目），他們勢必只能選擇非目標就業區，但城市地區的競爭也較激烈，同時非目標就業區 EB-5 名額也較少，建議以區域中心的投資項目為考量，既可以有機會選擇目標就業區的區域中心與成功率較高的投資項目，也可以避免因為對美國市場的不了解，造成投資失敗與失去移民的機會。

　　此外，丟出 EB-5 的申請，不代表大林一家就可以立刻前往美國。他們需要有非移民簽證讓他們在美國有身分可以工作生活。E-2 或 L-1A 就是一種選擇。如果大林想要去美國拓展家族企業，那或許可以考慮 L-1A；如果他想要轉投資管理別的產業，可以考慮 E-2。E-2 的申辦速度和彈性會比 L-1A 大很多，也可以無限期延簽；然而 L-1A 可在萬一 EB-5 最後行不通時，考量到時在美公司的規模和成熟度，或許可再用 EB-1C 來申請綠卡。

如何選對 EB-5 投資項目與 Plan B

○ 選擇投資項目前，這樣問自己

　　EB-5 投資移民是所有移民簽證中，對於申請人條件要求較低的一種，自然成了很多人心中的移民捷徑，只要準備充足的投資資金，就能實現美國夢。但由於投資人提交大量的 EB-5 申請案件，在有限的名額下，造成審理速度慢，取得簽證的排期極為漫長，投資人在人生時間表的規劃上必須多準備幾種選擇。也因為它的低門檻，衍生出許多缺乏語言專業或是相關經歷的投資人遭到有心人士詐騙的事件。因此投資人在選擇投資項目時，除了與專業人士諮詢，尋求專業團隊的協助之外，投資人在搜尋區域中心項目計畫時，有幾個考慮重點：

1. 還款紀錄是否良好。
2. 投資項目內容。
3. 區域中心過往累計處理過多少項目。

　　投資人在決定以直投方式申請 EB-5 簽證之前，可以這樣問自己：

1. 你準備好創業了嗎？
2. 你準備好承擔一切責任的能力了嗎？如果公司面臨困境，你的 Plan B 是什麼？
3. 在取得綠卡前，你能否保證公司正常營運五年，甚至是

更久的時間，且聘僱了足夠的員工？

○EB-5 移民申請排期太漫長，有 Plan B 嗎

·從 E-2 到 EB-5（直投）

E-2 和 EB-5 簽證兩者最大的相同點在於投資，雖然一個是非移民簽證，一個是移民簽證，但 E-2 投資人的投資資金是可以合併計入 EB-5 的投資內，聘僱的員工也可以合併計入 EB-5 的創造就業要求。只是 E-2 投資人在一開始選擇投入的商業活動類別時，必須預先考慮到公司未來業務擴大的可能性，以符合 EB-5 的規範。

對於有移民時間壓力的人來說，先以 E-2 合法移居美國，再以 EB-5 取得綠卡身分，是一個值得考慮的途徑。

·從 EB-5 到 L-1 與 EB-1C

如果投資人已經遞交 EB-5 的申請案，卻遲遲未通過審理，在國內擁有企業的 EB-5 申請人，也可以考慮：第一，改以在美國成立分公司，為自己申請 L-1 簽證，再申請 EB-1C 綠卡的方式；或第二，是以持有 L-1 簽證來度過漫長的 EB-5 排期，直到獲得永久綠卡為止，移民美國。這也是一個可行的 Plan B。

美國移民法是很複雜而且嚴格的，不論你選擇的是哪一種投資移民方式，想要移民與事業兼顧，或是以移民為主且安全性高的投資，親自經營，或委託經營，務必請教專業人士，事先做好諮詢與完善的規劃。

大林一家的 EB-5 移民之路──最終回

　　大林最後選擇區域中心的投資方式，和 105 萬美元的投資金額，專門做 EB-5 的律師就會與區域中心合作，幫助大林挑選他想要投資的項目計畫。大林則必須提供詳細的資金來源，包括來自父親的贈與、公司的盈利、其他收入或投資所得等，而父親贈與也得提供贈與金額的來源。

　　同時大林預備他在等 EB-5 過程中想要申請的非移民簽證。他想使用 E-2 進入美國，易途團隊和律師與他討論規劃投資方式、經營的商業模式和產業以及地點，最後決定在紐約／紐澤西附近投資一間複合式特色餐飲店來創業。紐約紐澤西附近有不少特教資源給他的孩子，同時工作機會也多，他太太來美國也可以有機會找到事業第二春，而且回台灣有直飛的航班，真想念台灣的家人朋友，飛一趟回去也不會太麻煩。

　　大林一家很期待在美國展開他們新的篇章！

EB-5 簽證知識庫

◎ EB-5 常見 Q&A

　　Q1：誰可以透過 EB-5 投資移民申請綠卡？

　　A1 ：有經濟能力的人。EB-5 對於申請人沒有任何學經歷和語言的要求。

Q2：我的 EB-5 投資資金需要一次到位嗎？

A2：美國政府允許投資人逐步完成投資，不需要在一開始就投入全部資金。但投資人必須做出承諾，將按照明確的時間表來完成投資項目。

Q3：一個 EB-5 的申請案，多少個家庭成員能夠獲取綠卡？

A3：通過綠卡申請時，投資人及配偶，和未滿 21 歲的未婚子女都可以獲得綠卡。由於簽證審理時間過長，美國國會通過法案保護未滿 21 歲未婚子女的權益，只要子女在丟 I-529 前未滿 21 歲，是有機會與父母一起取得綠卡的，但詳細情況請與律師討論。

Q4：怎麼樣的資金才算是合法來源的資金呢？

A4：投資人的資金來源可以是薪資收入、公司盈利、繼承、贈與、股票收入，或是投資收益等等，需要有文件能夠證明資金的合法來源。

Q5：申請 EB-5 需要多久的時間？

A5：一般來說，在無排期國家，如台灣，從申請到獲得永久綠卡，可能至少需要七年以上。在排期較長的國家，如中國大陸、印度或越南，可能需要至少十年以上的時間。

Q6：申請 EB-5 簽證，除了投資資金，還需要其他費用嗎？

A6：除了法律規定的投資資金外，申請人還必須準備諮詢和委託律師事務所的費用、政府的規費行政費用，還有其他可能的手續費。實際費用也視申請移民的主申請人與眷屬人數而定。

Q7：英文不好，也可以透過 EB-5 來移民嗎？

A7：可以，EB-5 沒有語言上的限制。但若是投資人有語言上的問題，建議透過區域中心的方式來投資，不需要直接管理投資項目。選擇直投的投資人，必須在英文能力上有一定的程度，同時有相當商業營運管理的經驗，在參與公司的營運時，才不會有太大的溝通障礙。

Q8：EB-5 的投資有保障取得綠卡嗎？

A8：沒有。EB-5 在投資和在移民上，都是有投資商業風險的。有可能投資順利，取得綠卡；也有可能投資項目失敗，本金和綠卡都沒了。移民局在審理時也只考慮有商業風險的投資，商業風險非常低的投資（如土地不動產），在移民局看來不算投資移民項目。

Q9：遞交 EB-5 申請案時，小孩年齡未滿 21 歲，但等待排期的過程中，超過 21 歲了怎麼辦？

A9：基本上倘若沒有排期，遞交 I-529 申請案後同時遞交綠卡申請，小孩的年紀就會被凍齡在那天（還有其他條件限制）。但是如果所屬國家有排期限制，得把小孩年齡算入排期時間考慮[27]。

27　美國移民局 2023 年 2 月 14 日更新了 Child Status Protection Act，更改排期計算方式以更加保障未成年未婚子女取得綠卡的權益，詳情請見移民局官方網站：https://www.uscis.gov/green-card/green-card-processes-and-procedures/child-status-protection-act-cspa

Chapter 2

長篇訪談——
談美國投資移民移居
以及公司經營內控風管

05 相信機會相信你自己可以，談人生 2.0

邱翊哲，在美國商場上的實驗家。

移民美國超過二十年的時間，在世界 500 強任職，成立過協助客戶訂雜誌的公司，也經手過美國的房地產業，到創立一家會計師事務所，在接觸到各行各業的客戶後，對於美國的商業文化和機會能量有很大的體悟。

「Land of Opportunity，在美國如果你看見機會，那麼你就極有可能把自己的人生推向到 2.0，3.0 甚至是 4.0 的狀態。」

在這篇訪談中，邱翊哲把自己在美國二十多年來的生意經營經驗和思考，不藏私的分享，就是希望能發揮一點讓人勇敢追夢的影響力。

○ 談人生 2.0

林佩姿：美國仍然是充滿機會的國家嗎？

邱翊哲：我太太有一個朋友，在五十歲的那年當上了醫師，成為她的同事。我研究所的同學中，在會計、醫療與科技產業中，跳動的有七、八個人。這些都是每天在美國發生的事情，不要誤會在美國當醫師、會計師、工程師的標準比較低，而是美國給人機會，也會給人釋放能量的管道和環境。但是在台灣或亞

洲，或許就不是這麼容易了。

林佩姿：那你自己的美國路是怎麼開始的呢？

邱翊哲：台灣唸完大學，當完兵後，到美國唸研究所。當時研究所選擇唸會計是因為我想要快速學到一項技能，然後開始工作賺錢。研究所畢業後，我進入一家在紐約的四大會計師事務所，這段期間我一直在學習不同的東西。我第一家創立的公司是幫客戶訂雜誌，從雜誌社給我的批發價到客戶的訂閱價，中間的價差就是我的利潤。後來又從事了很多不同的行業，像是經營Airbnb、開設學齡前教育的幼兒園、經營美國的多單元房地產等。其中雜誌公司和房地產這兩個天差地遠的行業讓我了解到一件事：單價低的產品，即使利潤再高，沒有瘋狂的數量，就無法產生價值。Airbnb的綜效源自於出租、自用、節稅。而幼兒園讓我明白美國一歲到六歲的教育是非常落後的，在更新換代上有著巨大的商業潛力。

後來我就和朋友開了一家會計師事務所，替需要幫忙的人釐清稅務合規和規劃，從專業會計的角度替他們解決問題。

我覺得我人生轉折是在有了小孩之後。我搬離紐約到大華府，開始思考怎麼樣拓展公司，慢慢地走到今天，我們能夠提供的服務和接觸到的客人都是當初無法想像的，所以我很感謝那些願意給我機會的公司與老闆。除了台灣、中國、英國的上市公司，許多的中小企業讓我看到了人生2.0的機會。

也因為接觸到許多人，我看到不同人的美國夢是怎麼樣真實發生，不同的生活情境、不同的天賦和能力、不同的生活故

事，都大大加深了我對奇蹟是真的可以在美國發生的信心。我許許多多的客戶在一次次的電話、開會和飯局上，向我呈現了一個生動鮮活的努力過程。

林佩姿：所以你要讓更多人對於投資移民或移居美國有了正確的認識後，藉由這樣的方式去思考如何創造出 2.0 的人生？

邱翊哲：是的，我真心的認為美國這個市場的無限可能，有機會讓台灣的投資人或是有志青年們可以創造出比中了大樂透還要高的價值和值得的經驗。

林佩姿：人生 2.0 的意思是？有什麼特別想要傳達的概念嗎？

邱翊哲：我希望大家可以把它想像成是一個重生的機會，或是對自己的人生做一個跳躍的動作。想要跳得遠，就得先蹲得低，不要把蹲得低看成是一種犧牲或失去，而是一種能量的積蓄。不管未來你的選擇是不是一直待在美國，有了在美國創業的經驗，對你去世界上任何一個國家發展都是很有幫助的。

創業能讓一個人學到的經驗真的太豐富了，你會在這個過程發現自己驚人的潛力和能力。你在過去幾年已經重複做著同樣的工作，未來的幾年也決定繼續做著同樣的事，在安逸的生活下是很可惜的一件事，因為有一個可能的價值沒有被實現的機會。

這個世界不是只有台灣，出去走走吧！我之所以想提倡到美國創業做生意，是因為從美國出發的成功率高。美國歡迎新來的人；美國的商業成本低；英文是世界普遍的語言；美國人願意為產品或服務買單，不需要完美只要能符合期待；美國是一個講

究合約的國家；人與人之間的關係從合約出發是很單純的，對於關係的要求比較低，這些都是可以成功的關鍵。

我想要傳遞的理念不單純只是移民或移居，而是背後因為商業或投資而創造出的人生價值，實現 2.0 人生的可能性。

現在不等於未來，你人生的可能性完全取決於你的思維高度，有一點不滿意現狀的話，都歡迎來看我們這本書，看完如果發現你對於經營一家小企業，或是頭腦裡已經有到美國做生意的想法，都歡迎來找我們諮詢，看我們是否可能協助你將夢想實現。

林佩姿：但是大環境和十幾年前相比，現在能夠把握機會，創造奇蹟的困難度應該增加了？

邱翊哲：每一個時代都會有不同的考驗，我們不能用簡單或困難來評論，更重要的是你能不能把握這個時代給你的資源，來完成你想要做的事情。對於一家小公司來說，不管你賣的是產品或服務，因為科技的進步，可以用便宜的價格做出十幾年前做不到的事。所以你說現在創造奇蹟的困難度和十幾年前相比是不是增加很多？這個世代的人需要利用科技的力量和網路的資源。

林佩姿：所以你認為科技的發展帶來更多的機會？

邱翊哲：是的，社會的發展速度非常快，AI 人工智能、自動化，大數據和機器人化等，在這些科技的交互作用下，讓社會進步得太快，導致有太多的缺失和太多的需求都被忽略了，就好像科技替我們鋪了一條不平整、通向未來的康莊大道，這條大道上的坑坑洞洞，就需要小企業們來填平，讓未來的人走過去是平

坦的。而這些坑洞，都是創業的機會。在過去這幾年，有很多小公司的出現，就是因為在擺平科技發展的缺失。

開始做一件事的困難點在於人，不是錢。不要因為當下覺得困難，或是當下的成功率看起來低就放棄，這也是我想傳達的一個很重要的觀念。我們通常會高估在未來一至二年的進步或改變，但是常常低估了十年後的改變和進步，只有少數的人能夠看到十年之後，這些少數人的選擇以結果論來說，通常都是比較正確的。如何幫自己做出一個正確的選擇、增加成功機率的選擇，換一個生活環境，換一種文化都是有可能有幫助的。

林佩姿：你說創業的困難在於人，但需要錢不是很實際面的問題嗎？

邱翊哲：錢的問題當然也很重要，但相較之下，人的問題才是當代企業的關鍵。

既然提到人，我覺得有一個觀念值得一提，在美國文化中，人是被尊重的。你今天付出勞力工作，基本上都能獲得合理的報酬，以支付基本的生活所需。以許多人力資源價格低的地區來說，他們的勞力便宜，便宜到不足以應付生活，在美國不太可能發生這樣的事。每一個工作的人都可以拿到應得的錢，這就是美國尊重每一個行業，每一項勞力的付出。所以就如同我一開始提到的，Land of opportunity，這是美國給所有在美國的人的機會。

林佩姿：既尊重人又充滿著機會，聽得我也好心動想到美國創業，創造我的2.0人生了！

邱翊哲：歡迎。這本書會對你很有幫助。我以創業者，投

資人，老闆的角度來看美國投資移居移民。

○ 做生意，先從人際交往開始

林佩姿：那你打算從哪個部分開始談起在美國做生意？

邱翊哲：我想從一個小業主的視角來談關於公司經營該注意的事情，和分享一些經營一家公司的重要觀念。先從人際交往（Networking）這部分開始談吧！

林佩姿：不管是誰想要在美國投資做生意，都必須要先從拓展人脈開始嗎？

邱翊哲：是的，但如果你是富 N 代或是權 N 代，這本書並不適用於你，你的父母是你最好的導師。我所談的都是針對小型企業，或是中型企業的業主。在美國的商業文化中，許多付費參加的社交場合（Networking Event），當然免費的有，但付費這個概念有更深一層價格歧視（Price Discrimination）的含義在裡頭，透過收取活動費或是會員費將不必要的人或價值觀不同的人與不同圈層的人排除在外。我曾經參加過一個收費昂貴的研討會，幾個小時的時間，約 3 千到 5 千美元的費用，研討會還沒結束，而參加的人幾乎都不在會場，而是在場外聊天交流。所以，知道我的意思了吧！知識是無價的，所以用研討會來包裝，而交流才是內核。

林佩姿：所以對一個業主來說，初來乍到美國，參加商業社交活動拓展人脈就是開始在美國做生意的第一步。那參加這些社交場合有什麼需要注意的細節嗎？

邱翊哲：針對場景活動，請你穿上一套適合的衣著。

林佩姿：穿休閒的短 T 牛仔褲不可以嗎？

邱翊哲：許多新移民的業主以為美國就是一個很隨性很休閒的國家，不管到什麼場合都是短 T 牛仔褲，這點是非常需要改變的，而這項改變從投資的角度來看，是提升自己的氣質最快速又簡單的方式，也是最便宜的。由衣著提升外貌的氣質，並非要以貌取人，而是給別人怎麼樣的第一印象，決定了未來是否能成為生意夥伴的關鍵。對於一個資源有限的小業主，既然願意花時間和金錢參加活動，那麼就請好好把握在活動中會遇到每一個可能的機會，千萬別小看了一套合適服裝的影響力。

合適的衣著不見得是要全套正式的西裝，但必須融入該場合而不顯得突兀。等到你成為下一個 OOO 或 XXX，那麼你的穿著或許就可以隨心了。

○ 怎樣才算是一門好生意

林佩姿：有了人脈後，就可以開始談生意了嗎？

邱翊哲：是的，可以從一個輕鬆聊天的過程中，先跟對方建立彼此的信賴關係，再成為生意上的夥伴。這樣的一個信賴關係，是平等的，沒有一方需要委曲求全，也不需要酒池肉林，只要把握真誠的原則，在美國一定會有願意嘗試的生意夥伴出現。

再強調一次，美國是一個充滿機會的國家。這句話是貨真價實的，只要願意努力，願意付出，美國能夠給創業投資經營者的機會能量是遠超乎想像的，夢想有多大，可能性就有多大。台

灣的機會是給已經把握住資源的人，或是願意降低身價的人；在美國，只要真誠努力，有經驗技術，就有發光發熱的機會。

林佩姿：腦中有念頭也有想法，但對於「開始」有疑慮怎麼辦？

邱翊哲：萬事起頭難，你的目標是什麼？你先這樣問你自己。接著你就要開始思考達到這個目標，你的立場和你的方式跟管道有什麼？一個成功的老闆心中一定有一個很全面的藍圖，他會很清楚知道有哪些方法或許有機會達成目標，不見得清楚細節，但願景是必須的。

如果目標是一年賺一億，大部分的人可能會先聯想到科技產業或是任何規模夠大的產業，但其實有很多簡單的生意，是非常賺錢的。不過需要留意，你能看到的別人也都看得到，你必須穿透生活，找到機會。

美國有一家非常賺錢的公司，他們公司只經營一種業務，就是手機門號的電信公司轉換。當消費者向電信公司提出轉換的需求，電信公司就必須透過這家中介公司的服務完成消費者的要求。全美國就這麼一家中介公司，你可以想像他們公司一年的收入有多少嗎？一個穿透生活找到的機會，不需要太複雜，就能創造出超越你期待的價值。

林佩姿：聽起來要找到會賺錢的生意，好像不難，又好像很難。

邱翊哲：記得不是高大上的產業，才是好的產業，有客戶願意付錢才是最重要的。一個合格的顧客，是願意付錢的顧客。

去了解顧客做決策的過程，找到從中可以建立信賴關係的角度。不同的服務或產品，建立起信賴的角度不一定不同。

在選擇目標和產業時，必須先找到一個平衡點。你喜歡做的事情是什麼，有能力和能量做的事情是什麼，能為你賺到錢的是什麼，從這三點中找到一個重疊的區塊，才能有一股無限支持你繼續走下去的力量。每個產業都有一個產業的週期，有時候必須站得夠久，走得夠穩，才能等到產業循環那天的到來。

林佩姿：從聊天開始談生意，又不用非得交際應酬，或是降低身價，商場上的文化差異大。

邱翊哲：是啊，就像我剛才提到的美國對於人是尊重的，公司尊重員工的付出，給予合理的薪資酬勞，顧客尊重店家提供產品或服務，企業主之間的合作關係是平等的，每個人都能創造出自己心中的價值。

○員工，影響公司成功的關鍵

林佩姿：目標和方向都確定了，那接下來邁向成功的關鍵是員工嗎？

邱翊哲：沒錯，找到對的員工很關鍵，但是要找到對的人太難了，特別是對於一家小的公司來說。一家小公司通常都會具備船小好掉頭的能力，越是有彈性，公司的員工就越必須熟悉公司業務和流程。若是流動性太高，就無法將小公司有彈性的優勢表現出來。相較之下，規模和制度都很明確的大公司，員工的重要性相對來說就會低一些，亞馬遜員工平均年資只有十二個月，

大公司的制度和規模已經完全弱化了個別員工的重要性。但對於小公司來說，每個員工都是不可或缺的。

如何找到對的人，除了緣分，還有靠著經驗的累積，平時拓展的人脈，就是能夠讓你找到對的人最好的管道了。

林佩姿：靠緣分太抽象了，有沒有更好的建議，對的員工會出現在哪裡呢？

邱翊哲：對的人會在任何地方出現，請隨時準備好。每一個與人聊天的過程中，都有可能會聊出一個機會，聊出一個生意上的夥伴。

林佩姿：那一個小公司的老闆會需要找什麼樣的員工呢？

邱翊哲：不要因為公司小就很多事情都不做。小公司在預算有限的情況下，能負責核心業務的人就是老闆必須找到的人，或是由老闆本身包辦核心業務。其他非核心部分可以考慮用外包的方式，來處理專業問題，例如會計團隊、IT 人員、人力資源、公共關係、行銷團隊等都是一家公司重要的組成，不要因為公司小就覺得這些事情不重要，把專業的問題交由外行人處理，容易捅出婁子。老闆從公司的商業模式中，找到一個自己做、雇用員工，或外包的平衡點。

林佩姿：你的意思是即使公司小，也要把事情都做好做滿嗎？

邱翊哲：要把事情做好，但是不需要做到完美。小公司的老闆不需要追求完美，完美是交給專業人士追求的。這是我，一個會計師出身的小業主，多年在美國這個大市場裡看到的。原本

應該是追求事事完美的會計師，怎麼會有這樣的體悟？一家什麼事都要求做到完美 100 分的小公司，付出的人力、花費的成本和獲得的成果，有極高的機率不成正比。與其全心全意想著要做到一個 100 分，獲得一個 100 分的成功，為什麼不做兩個 80 分，而獲得 160 分的成功。我認為完美是一家小公司的敵人。

林佩姿：把工作外包會比直接雇用一個全職員工來的好？

邱翊哲：有可能，很多的外包服務都已經有一個成熟的市場、標準化的模式。成熟的外包服務會直接反應在價格上，使得價格具有競爭力。比起雇用一個全職的員工，外包的服務反而能讓小公司獲得超越價格的價值。人資、法務、會計、行銷等這些領域，都是可能適合外包的專業領域。

林佩姿：聽下來小公司需要做的事，和大公司相差不遠了。

邱翊哲：其實科技的進步已經讓小公司用很低的成本做到大公司才能完成的事情，讓小公司和大公司至少在站在同一個起跑點上。在二十年前，沒有任何一家小公司能夠負擔和客戶撥打國際電話談生意的成本。就像我一開始有提到的，科技的進步和網路的發達，是這個時代給我們的資源，就看我們能不能好好善用了。

○合夥人，小公司也需要嗎

林佩姿：小公司也適合合夥人制嗎？

邱翊哲：在我的理解裡面，一個生意的夥伴真的太重要了！夥伴會在專業或是人脈上各有所強，所以建議企業主找至少

一位合夥人，增加公司成功的機會。

而對於投資人來說，他們也喜歡看到這家公司有合夥機制，代表這家公司能找到可以合作的人，有溝通的意願。對於需要投資人投資擴展規模的企業主來說，有加分效果。

林佩姿：獨資不是比較單純嗎？太常聽到合夥糾紛的例子了。

邱翊哲：合約是非常重要的，再一次強調真的不要因為公司小就很多事情都不做。被合夥人坑、合約的糾紛等等，在現實的世界中發生太多了，有些客戶來找我就是因為被坑了，或是疑似被坑了。

第三方的會計師、律師或服務方，可以帶給一家公司的價值是無形中一直在增長的，很多企業主直到公司出問題的那天才理解。

○記得，合約要簽符合法律邏輯的

林佩姿：合約在整個做生意的過程中，扮演的角色是？

邱翊哲：合約就是美國商業活動的基石。美國是一個很講究契約精神的國家，在多數的情況下，契約都是雙方簽訂的，可以是個人對個人、個人對公司或是公司對公司等，針對屬性不同，有不同買賣的產品或是服務。美國是一個低情境文化（Low-Context Culture）的國家，你需要把事情說得很清楚很完整，所以你仔細觀察就會發現美國的法律文件頁數很多，就是把所有的細節都寫得一清二楚。

沒有了合約，很多事情都是白談的。合作的雙方在簽訂的合約中，有沒有清楚載明所有的合作事項是最重要的。沒有寫在合約中的合作，就沒有強制執行的權利。問題發生了，當然還是有辦法解決，但就只能靠上法院或是接受仲裁，只是對於受害方或是想要主張權利那方都是比較不利的。

林佩姿：那有哪些合約的內容是必須的？

邱翊哲：一份有效的合約一定得先具備對價（Consideration）的條件，所以在美國很常看到 1 美元的合約，像是紐約州長和前美國總統都曾簽訂 1 美元的薪資合約。再來，合約中不能有人被奴役的概念，雙方關係必須是對稱的，符合比例原則，才能成為一份合理的合約，只有有效和合理的合約才能有被執行的效力，灰色地帶就只能法院見了。

另外，合約的內容還要寫清楚合約的對象是誰？這份合約是要做什麼？重要的事情都必須講清楚。如果出問題怎麼辦？要以哪一州的法律來處理，上哪一州的法院？處理的模式是什麼？上法院或是仲裁等等，順序是什麼，越清楚越好。

千萬記得不要亂簽合約，簽名前一定得仔細閱讀合約內容，以免簽到捅了自己一刀的合約。

林佩姿：簽了合約就不會有任何問題了嗎？

邱翊哲：不，合約簽完後，有糾紛是很正常的，寫得再好的合約，都會因為每個人的理解不同而造成分歧。不要預期合約不會發生問題。

只是簽訂了合約，未來的情況不如預期，有糾紛時可以依

照合約糾紛的處理精神來處理。

林佩姿：如果真的發生問題，只要在合約期限內處理都可以嗎？

邱翊哲：每一張合約都會有法律追溯期，而法律的追溯期牽涉到合約能否被執行。但很多人都會有一個錯誤的觀念，就是認為在合約結束前來處理發生的問題就可以了。例如甲乙雙方簽訂了一份十年的商業合約，在簽訂合約的第二年開始發生問題，乙方沒有依照約定付給甲方每年應得的報酬，第二年沒有，第三年沒有……一直到合約到期前甲方才決定向法院提起訴訟。這時的甲方並不一定會訴訟成功，法院可以合理的認定乙方有理由不給付報酬，因為甲方在這八年間都沒有任何的求償動作，因此必須為此負責。

◯ 要找的客戶在哪裡

林佩姿：萬事皆備後，就只剩客戶這個東風了。客戶會怎麼出現呢？

邱翊哲：客戶是培養出來的。一個成功的公司都有培養客戶的能力，成長的策略就是：發現客戶＞培養客戶＞成就客戶＞成交。

林佩姿：可以舉例說明嗎？

邱翊哲：比如說一個成功的服務型公司，假如公司主要的核心業務是 A，那麼就會有另外一個 B 公司去製造出合格的 A 公司客戶。我有一個客戶是資產管理投資公司，投資人想要投資的

門檻 500 萬美元起。現實生活中能夠拿出 500 萬美元投資的客戶有限，於是這個投資公司的老闆集結了各方的專業人士又開了一家 B 公司，是專門輔導企業主提升公司價值，將公司賣出一個更高價，進而製造出更優質的 A 公司客戶。

一個成功的商業模式通常還會搭配側翼的公司，有策略的製造出有能力又合格的客戶。這類型的操作在 IT、醫療、財會中，我常常看到。

林佩姿：在美國有沒有什麼客戶是做生意的人都想爭相合作的？

邱翊哲：美國政府就是最大的客戶，沒有之一。台灣企業主不要忽略與美國政府合作的機會。

林佩姿：對了，你一開始有提到美國人對於產品和服務是願意付錢的，所以美國人都是好客戶嗎？

邱翊哲：許多美國人願意為產品和服務買單，這就是美國的消費文化，只要產品或服務是符合他們的期待，付錢是一件再自然不過的事了。在美國做生意是有可能賣出理想中的價格的。

○ 從退出策略看出好的商業計畫書

林佩姿：書裡面的章節有提到在申請投資簽證時，商業計畫書是很重要的一個環節，那一份好的商業計畫書該怎麼寫呢？

邱翊哲：寫商業計畫書最重要的是先確認看的對象是誰。如果今天你是要寫給政府看的，那麼你的內容就必須相對保守，讓投資額變大，讓退出的機制變難，對未來的評估趨於保守，但

計畫必須是持續向上的。其中讓退出的機制變難對美國政府來說很重要的，因為他們不希望投資人是抱持著假如投資不順利隨時可以撤資走人的心態，這樣對提升經濟發展正向的幫助小。

如果計畫書是給銀行看的，那麼內容就需要偏向性恰恰相反。一份商業計畫書從 10 頁到 150 頁都有，投資人針對讀者與目標不同而調整商業計畫書。

林佩姿：可以說一下什麼是退出機制嗎？

邱翊哲：退出策略是在講商業法律和移民法律之前的關係。簡單來說，就是要讓政府知道，你的投資是具有風險的（At Risk），是不打算再把投資本金拿回的，所以在商業計畫書中要寫清楚退場是很困難的，越難退出，越能顯現風險。

但當你真實的在美國做生意時，一定得先想好退出的方式。一件好的投資都是在進場投資時，就會想好退場計畫。從投資移民的簽證來看，投資添購生產設備和投資買一棟房子，買房子要退場的機制相對簡單，因為房子有可能賣出更好的價格，但生產設備就一定是折舊賣出。當移民局把資料提交給政府審理時，美國政府對於投資人是不是能隨時撤資走人是非常在意的。

當你已經進入美國，要以不同的身分進行下一件投資案時，退出機制成熟與否是一個重要考量。

林佩姿：投資人有辦法自己寫商業計畫書嗎？

邱翊哲：當然可以，除了自己做，也可以選擇找一個專業信任的團隊來設計合理的商業計畫，他們能夠幫你預先設想未來申請延簽或續簽時可能遇到的挑戰。

林佩姿：所以，一份好的商業計畫書有辦法爭取到美國政府這個客戶嗎？

邱翊哲：是的，相信機會，相信自己。

○ 後疫情時代的小企業主心態調整

林佩姿：疫情對全世界都造成很大的影響，你對企業主有什麼建議嗎？

邱翊哲：未來疫情不見得會消失，不能期待未來經濟朝著自己有利的方向走，而是要去調適該怎麼面對，思考企業該怎麼持續經營。

疫情和後疫情時代最大的啟發就是該用什麼樣的態度來面對未來隨時有可能再發生的大規模流行病。可以準備兩套平行的商業模式，例如餐飲業在內用與外送之間的彈性調配，小公司最大的好處就是小、彈性、靈活，很難有一個統一的方式來面對。公司的老闆必須了解自己公司的彈性在哪，而做出調配。現在科技設備的發展，可以讓小公司做到以前是大公司才能完成的事情，例如可以把公司的業務外包到其他國家，像是菲律賓等，讓公司挪出更多的時間來做更好的服務。科技的進步讓小公司的起步已經遠遠高於過去，用新的角度去看生意，跟上時代的腳步。

從多角度切進公司的核心業務，例如做公證書的人，他們已經不再限制客戶到辦公室進行業務，他們會到客戶指定的地點，或是在各個城市都有據點，也可以直接在網路上完成，形成一個多角度服務的網絡而接觸客戶。單一的方式會局限公司的成

長，獲取客戶的管道受影響，後疫情時代迫使新的小業主找到更多切入核心業務的方式，迫使小業主去用多角度思考商業模式。

以我們會計師事務所的客戶來說，我們的客戶主要是集中在年營業額 1 千萬美元至 5 千萬美元之間，少數客戶的營業額超過 2 億美元。我一路看著他們從 0 到 1 百萬，再到 5 千萬的營收，遇到瓶頸，再突破，其中的關鍵是找到可以帶領你的人。有的是客戶帶領公司成長，有的是供應商帶領公司成長，有的是由導師帶領小企業主成長，或是由不同領域的專業人員來帶領。同樣的方式放在不同的公司，可以產生的效益不盡相同，得仔細觀察成功的公司有的共性，同樣失敗的公司也會有失敗的共性。這個過程是很值得分享的，值得企業主們互相取經的。

林佩姿：看來擁有一家公司的老闆，在掌控公司的營運上得隨時調整方向。

邱翊哲：你這句話提到兩個很重要的觀念，就是所有權和控制權。這兩個東西很有意思，但我想告訴讀者們：所有權其實不是最重要的。我這麼說會有點反人性，因為人從一出生開始就一直在收集東西，想要擁有各式各樣的東西。所有權很重要，但對於一個業主來說控制權更重要，我們可以從不同的角度來看。

從風險規避的角度來看，只有控制權對一家小公司的業主來說是很有好處的，可以規避掉很多假如問題發生時的風險。

從稅務的角度來看，可能減少稅金的繳納，把稅後經濟利益最大化。

從商業活動的角度來看，有些公司老闆成立基金會或非營

利組織也是放棄所有權，只保留控制權的一個很好例子。一家公司可以做的事情大於個人可以做的事情。

所有權和控制權的差別，企業家要用什麼樣的心態來面對，這也是需要智慧的。

林佩姿：看來追求 2.0 的人生需要的不只是做生意的頭腦，還需要哲學思考的頭腦。

邱翊哲：以上，美國中小企業之我思我見，純粹一家之言，完全偏見，僅供參考，特殊視角，必有偏頗。

林佩姿：我覺得看完你的這篇訪談會對兩種人產生很大的影響，第一種是已經有著美國夢的人，書裡談到美國商業的技巧就是實現他們美國夢的最好方式。第二種是有在思考怎麼樣才能創造出自己人生新價值的人，可以藉由美國這個國家作為人生 2.0 的開始。不管是哪一種，創業就是一種自我的實現，也是最有可能實現夢想的方式，與其羨慕著別人精彩的生活，倒不如自己也讓生活過得精彩。你能夠給台灣人一個「怎麼踏出第一步」的實質建議嗎？我想多數人的心中雖然燃起了希望，但對於第一步都是很茫然的。帶著理想到美國實現，需要先準備什麼？

邱翊哲：這個問題很好，你會問這個問題代表我想傳達的東西發揮影響力了，動心而不用心是沒有用的。動心之後必須用心，用心就是實際計畫下一步的 Action Plan（行動方案）該怎麼做，至於該怎麼做沒有辦法一概而論，因為每個人的個體都是有差異，而且差異是非常大的，你的家庭背景，你的學經歷，你目前是單身還是已婚有小孩，父母親的年紀等等，都是要考慮的。

唯一有一個每個人都通用的建議就是要有一顆決心。

這個決心已經不是告訴自己「我要跳脫舒適圈」這麼簡單，人生 2.0 不是單純的要你到美國來看一看闖一闖，發現不適合，就買張機票再搭飛機回台灣，你這麼做就只是來美國促進美國的 GDP 而已。人生 2.0 更需要的是一種長時間的堅持，就好像一個媽媽辛苦懷胎十個月，孕育出一個美好的生命。

心態（Mindset）必須做出改變，這是我要給想要創造 2.0 人生的人，一個最重要的建議。跳脫消費者的心態、員工的心態，用一個生產者或創造者的心態來思考，才有可能找到自己被壓抑的潛力。

而換一個環境，從台灣到美國，在非常多的行業都有一個很大的差別，像是前任紐約市長麥克‧彭博（Michael Bloomberg）就曾經鼓勵在紐約的高中生，可以將擔任一位專業的水電工作為高中畢業後的職涯發展。就我所認識的水電工人，他們一天的收入是 500 美元至 1,000 美元不等，工作雖然稱不上輕鬆，但是為自己創造出的價值是值得的。

但美國高薪的水電工為什麼沒有人去做呢？就是因為資訊的落差，不理解實際狀況，更重要的是對未知的恐懼。會有很多人告訴你美國賺的多，花費也會比較多，房租高、人力貴，的確所有的價格都是往上的，但這其中創造出的價值也是相對往上提高的。

美國有機會加速完成你存到你人生的第一桶金，加速可以用複利的概念來想像。維持一個基本的生活水準後，在美國你可

以運用的額外資金一定會比在台灣來得多，這就是複利創造出來的價值。但需要搭配一顆願意長時間堅持的決心，不管是賣服務，或是賣產品、教育、醫療、養老等等，各行各業都是很有機會的，只是在於你能不能看到機會和把握機會。

2.0 的人生是為自己而活，不是為了父母，也不是為了別人，創造價值的同時，你也在成就你自己。做自己喜歡的事，也讓生活過得更精彩吧！

06 資深風險
內控管理師的經驗分享

　　邱翊哲和資深風險管理專家林姿伶，談在美國經營中小企業的內控和風險管理。

○ 內控和風險管理是經營成功的關鍵

　　林佩姿：鼓勵台灣人可以多去思考怎麼創造出人生 2.0，到美國經營公司是一項可行的方式，美國的機會，美國的市場，台灣的護照價值[1]都是超乎想像的。前面分享了怎麼開始在美國經營生意，現在要請兩位聊聊對於在美國經營中小企業的內控和風險管理的重要性。

　　林姿伶：攸關一家公司經營成敗的風險和內控，是每個人投資人或老闆都需要了解的議題，尤其是在人生地不熟的新國家。所以在接受新挑戰前，老闆和投資人得先熟悉新的挑戰可能是哪些狀況。

　　林佩姿：為了讓選擇走向易途的人，有一顆更穩定的心，到美國開創新事業追求更好的人生，或是到美國拓展新業務，關於公司的內控和風險管理，有哪些部分是重要，也應該了解的

1　可參考書中特別收錄的台灣護照價值報告

呢？

邱翊哲：記得二十年前的理律事務所資深法務人員，利用公司在交易上的處理漏洞，盜走 30 億元事件嗎？公司的內控和風險管理真的很重要，不管是對大公司或是小公司來說，不要等到出問題了，才願意重視。

我有一些的客戶是因為被坑了才找到我，我也因此看到了一個問題的原因，就是過度節省人力成本。最省錢的方案，通常不是最高效的，想要省錢，也要找到合適的方式，忽視細節的風險會隨著公司發展越好而增大。

林姿伶：風險和內控的範圍很廣，以我在投資銀行工作近二十年，幫公司規劃的專業角度來看，風險的部分，我認為匯率風險、產業經濟週期風險、產品風險、文化及市場風險，這幾個區塊都是必須思考的。至於內控的部分，則需要對傳統內控的理論有初步了解，接著如何從設計、執行到檢視內控的方式，是必須做足的功課。

○ 千萬不要小看內控的重要性

林佩姿：能先從傳統的內控理論開始談起，讓我們對內控有初步的概念嗎？

林姿伶：內控就是內部控制（Internal Control），它是公司內部自行建立的一種管理制度，目的在幫助公司的管理階層能有效的辨識、評估、監控並管理經營企業公司所存在的各類風險。一家不論規模是大或小的公司，都會仰賴一套健全的內控制度來管

理公司，有效率的營運公司，以確保財務報告的可信度，並且符合法令的規定與要求。而一套良好的內控制度包含了五大要素，包含內控環境（Control Environment），風險評估（Risk Assessment），控制活動（Control Activities），資訊與溝通（Information and Communication），和監控（Monitoring），缺一不可。

邱翊哲：當初的理律事件就是在內控環境出現漏洞，才會讓那一個員工有機可乘。即便是對資深員工有著高度的信任，在重要流程的關鍵點檢查和審查是必要的。將職責分離，例如管帳不管錢，管支票的人，不能簽支票，雖然看起來是一件浪費人力的事，但實際上是有價值的。

林姿伶：職責分離這概念，我會在談如何設計內控制度時詳細解釋。而一套好的內控制度，首先，良好內控環境的重點在於公司應該訂立一套道德規範（Code of Ethics）和行為準則（Code of Conducts），給予員工適當的教育訓練，和一套能夠有效激勵和規範員工道德及操守的獎懲制度，以及是否有吹哨人機制讓員工遇到相關問題時，可以有諮詢和申訴的管道。另外，就像翊哲提到公司的組織結構，每個部門的職責和權限，架構關係應該要很清楚，在授權和管理上，才不容易有漏洞產生，人力的調配不能夠大意。

林佩姿：那小公司老闆在公司營運初期該怎麼看待內控這件事？如果公司無法負擔過多的人力？

邱翊哲：就我的經驗看來，一家公司的老闆必須了解公司所有的流程，不論公司規模大小，任何產業都是。而且小公司的

發展是非常快速的，公司成立初期通常是由老闆一手包辦，銷售流程、供應商採購流程、收帳流程、放款流程、服務客戶流程、物流流程等等，每個流程中最關鍵點在哪？要如何保證公司的利益？

小公司的成長是非常快速的，隨著公司規模擴大，老闆在放手的過程中，該如何調配必須謹慎思考。我會建議聘請專業的顧問團隊為公司做一次全面的內控健檢，把每一個流程的每一個環節都仔細審視，該放手的部分，在權力和職責上該如何分配，才能避免漏洞。

首先，在成本和效益做一平衡。第二，企業經營應該避免省小錢惹大麻煩。第三，老闆什麼時候才會開始認知到內控很重要？通常都是出包以後。出小包的話，容易挽救。如果是出大包，就會比較棘手。

○ 傳統內控理論的實務設計

林佩姿：那傳統內控理論中的風險評估和控制活動，在實務上是怎麼安排設計的？

林姿伶：風險評估簡單來說是設計出一套方式來辨別風險，降低或緩解公司可能在盈利的損失，這裡的風險可能是員工惡意行為造成的影響，也可以是市場環境的變化等。

辨別出風險後，會有一套因應的控制活動，包含預防性控制，偵測性控制和矯正性控制。

預防性控制（Preventive Control）的目的在預防問題的發生，

在事件發生之前，阻止其發生。例如公司支付每筆貨款給供應商前，需要層層主管和財務部門的審批，以確保正確的付款金額和對象。

偵測性控制（Detective Control）的目的是在事件發生後，偵測到問題。例如每各月銀行對帳單與公司實際現金進出的比較。

矯正性控制（Corrective Control）就是當事件發生後，將問題改正。例如找出帳目無法核實項目的原因並改正它。

理論上來說，我們會優先考慮預防性控制，因為它可以預防事件發生，是防止損生產生的最佳方法。但是實施控制是需要成本的，所以，必須衡量實施預防性控制的得益是否高於其實施成本或事件本身的可能損失或風險。

邱翊哲：一家小公司的優缺點都在於它的小，投射範圍小，例如在美國就是針對一個特定的州，或是州底下的一個城市，所以在風險評估上，大公司和小公司會遇到的狀況很不一樣。

影響一家小公司風險評估最重要因素是人，公司的核心人物——老闆或是員工。老闆代表一家小公司，因此老闆的健康問題、婚姻問題、子女教育等，這些看起來不像風險的風險，都是影響一家小公司經營很重要的因素。像我之前也提到過的嬰兒潮退休世代，很多公司的價值都隨著老闆退休而消失。

小公司對於員工的依賴感很重，所以員工的流動率也是影響風險評估中的一項關鍵。

林佩姿：在上一篇訪談中有提到的，在亞馬遜工作的員工

平均年資是十二個月，對於一家大公司來說，如此高的流動率營運可以絲毫不受影響。但如果一家小公司，員工經常性的流動，可能對公司經營產生影響。

邱翊哲：我再補充說明控制活動。一家公司和供應商開始合作關係前的盡職調查（Due Diligence）是控制活動中的重要環節，而擁有者介入就是一家小公司在控制活動中的關鍵解點。擁有者指的就是老闆，老闆的利益代表公司的利益，擁有者介入後，很多的問題都能被解決。

每一家小公司都有自己的獨特性，但遇到問題會來找我幫忙的，通常都是這兩大類，一是國稅局或政府單位找上門，另一類是公司業務量太大，經營團隊做不了。遇到的問題大同小異，但是解決的方式卻是很不同的，因為每個老闆的個性都大不同。所以，在控制活動上會因應各家公司的特性而不同。

林佩姿：你剛提到你有很多客戶都是吃虧了以後才來找你，那你們能為客戶做些什麼呢？

邱翊哲：法務會計和內控評估設計。簡單來說法務會計就是協助老闆找出公司的環節是從哪裡出問題，內控評估是公司整體流程的梳理，內控設計是未來經營管理優化。

員工坑公司通常會牽涉到詐欺三角形，心裡的想法多半是：公司對我不好，我很可憐，我是為了更好的生活才這樣做的等等。好的公司內控，不僅是對老闆好，對員工也是好的，它讓整體公司的營運走在比較正向的道路上。

林姿伶：所以，一家公司的老闆以及管理階層是否具有良

好的誠信和道德，對企業內部文化的影響也很大。

林佩姿： 資訊與溝通，以及監控這兩大因素呢？

邱翊哲： 現在就是一個 AI、大數據、人工智慧的時代，這些關鍵詞從網路上很容易搜尋到相關內容，我不再多做談論，但資訊與溝通在疫情時代造成的影響，是公司老闆的一大課題。

小公司在溝通上，偏好面對面談事情，但疫情時代讓人與人不再需要見面溝通，一家小公司怎麼在這個轉變之下，還能將內控做好？多重的資訊交流，多重的溝通就是關鍵。每次都多做一點，風險就會降低一點。

林姿伶： 那由我從專業的角度解釋資訊與溝通（Information and Communication）。資訊與溝通指的是有關內控所依賴的訊息與資料數據的取得、產生和使用，訊息與資料數據必須要準確、完整、及時和可靠。如果資訊不準確或不完整、來源不可靠，或無法在需要的時間內取得，便無法反映真實的情況。此外，企業內部要建立一套有效的溝通架構，有利於從上到下或從下到上溝通的流暢，例如管理階層新政策的立意與目的如何充分下達；反之，基層員工的意見如何收集匯總反饋給上層。由於中美文化的差異，可能造成對企業文化認知上的不同，一個有效的溝通渠道就顯得相當重要。

監控（Monitoring），則是建立一個持續性的來自內控系統內、或獨立第三方的監督機制。例如來自事業單位本身第一方或第二方的定期檢查、檢驗產品的品質是否符合標準，並及時改進。或例如，獨立第三方的內部稽核，評估內控的缺陷或不足之

處，並且報告這些缺陷或需要改善的地方給管理階層，由負責單位採取矯正措施來彌補缺陷、改善不足之處。

邱翊哲：再好的公司，再好的員工，少了監控系統，只有出了問題才知道。氣象圖可以預測氣象，但人心不可測。監控的目的在於提早發現問題，才有辦法即時解決問題，減少損失。

○ 如何有效執行內控制度

林佩姿：有了傳統內控理論的概念，接著，一家中小公司該如何設計和執行一套有效的內控制度呢？

林姿伶：每一家公司都必須建立一套治理框架（Governance Framework），透過考量不同的流程可能衍生的風險，建立適當的內部政策（Policies）、標準（Standards）和程序（Procedures），以落實治理框架。

就如同翊哲不斷提到的，公司老闆必須將所有流程的環節都仔細審視，如從政策（Policies）上訂定每個流程的目標；立明主司和相關管理或審核部門和人員的角色、職責與權限、相關法令規範與要求，和可能產生的風險與損失。

標準（Standards）則是針對重要的流程，建立標準步驟、執行的最低標準以符合風險管理步驟的要求。最後藉由程序（Procedures）應列明流程的步驟細節、相關應用系統。各部門和人員必須依照建立的內部政策、標準和程序執行業務或流程以符合企業治理的框架。

邱翊哲：如果有一家小公司老闆來問我如何設計、執行內

控，我會這樣建議他：

首先，就像一開始提到的，先觀察公司的流程。例如一家只在亞馬遜美國平台上賣男性錢包的公司，在這假設的情況下，供貨、出貨、收款、付款的流程應該是最簡單的。出貨時的流程、付員工薪資的流程、付款和收帳的流程，哪些事情會在哪些地點和時間發生，參與的人是誰，是否會在平台上留下紀錄等等，哪裡容易出問題，哪裡是關鍵，就在哪裡設計控制。

例如，在每次付錢之前，要經過審核，這裡的審核就是在設計內控。為什麼要付錢？是因為到貨了？還是合作方已經提供服務？這個審核的階段，就是在執行內控。設計的時後，需要思考是否能執行。

林姿伶：在設計和執行的過程中，審批權、審查、職責分離、監控、報告異常例外和管理訊息，和人事管理這幾個概念，我想特別一一說明。

審批權（Authorisation）是辨識並確立相關部門和人員的職責、權限，根據部門和人員的職責與權限，制定一套與其相符的授權（Delegation）架構，例如根據職位的高低授與可以審批的金額權限。此外，審批的概念包含正確的資料來源。企業應確保有關內控所依賴的訊息與資料數據的取得、產生和使用，是來自可靠的來源而且訊息與資料數據是正確、完整與及時的。

審查（Secondary Review）的基本要求是，執行者和審查者應該分開、不是同一人，以明確職責和減少錯誤的發生。

職責分離（Segregation of Duties）就是一開始就提到的管帳不

管錢，管支票的人，不能開支票等。交易或流程從準備、執行、審查和記錄由不同的人員負責。例如業務人員與客戶接洽，業務主管審查客戶合約，財務人員負責金額款項出入，會計人員則記帳造冊。透過職責分離，以防止惡意、非誠信的行為發生。小型企業礙於初期人員和預算有限，可能無全面落實職責分離或一人可能會身兼數職，應著重找出關鍵的內控機制，並確保該機制有明確的職責分離。

監控（Monitoring）就是監控流程是否符合制定的標準，找出不符標準、異於正常的事件。可依據風險的承受能力，設定量化的限度，監控此限度，因而找出不符限度的事件或異常例外。

而報告異常例外和管理訊息（Exceptions Escalations and Management Information Reporting）非常重要。當有異常的事情發生時，立即向相關部門和管理階層報告，使相關部門和管理階層能即時採取回應措施，防止損生或風險持續擴大。

由於程序和內控都是由人來執行的，透過人事管理（Personnel Management）讓員工有良好的道德和操守是良好內控的根本。所以，一套透明、公正的人事管理系統，包含人員招聘、培訓、表現評比、升遷、薪資報酬水準，給予員工教育訓練和適當地設立獎懲，加強員工對內控文化的了解，有效的激勵和規範員工的道德和操守。

林佩姿：設計一套內控制度後，該怎麼檢視呢？

林姿伶：關於控制測試（Control Testing）是指建立一個持續性的，來自內控系統內、或獨立第三方的監督機制。例如來自事

業單位本身第一方或第二方的定期抽樣檢查、檢驗產品的品質是否符合標準，並及時改進。又例如，獨立第三方的內部稽核，會評估內控的缺陷或不足之處，並且報告這些缺陷或需要改善的地方給管理階層，由負責單位採取矯正措施來彌補缺陷、改善不足之處。如果公司內部沒有測試或稽核部門，可以從外部聘請具有內部稽核經驗和 CPA 資格的人員來測試評估。建議是每年一次稽核或當公司風險或內控有重大改變時。

邱翊哲：審計軌跡（Audit Trail）這個概念很重要。員工要留下每個活動的紀錄，經營中小公司的老闆時常都是建立在信任之上，有信任沒有證據容易出問題，除非老闆會介入每一個環節，因為通常情況下只有老闆不會坑公司。

林佩姿：聽完兩位對於內控在專業和實務上的分享，但既然內控很重要，那為什麼在一開始容易被忽視呢？

邱翊哲：因為老闆和投資人們不了解，甚至是沒有意識到這部分的重要。一家小公司經營初期，通常都是老闆一手包辦公司所有事物，風險管理和內控的必要性相對來得低。但小公司的成長是很快速的，意識到內控或是風險時，通常都是遇到問題了。所以這也是為什麼我會想在這本書裡，特別邀請林姿伶一塊談論這個主題的原因。

○ 小公司的 5P 風險管理思考策略

林佩姿：兩位從不同的角度來介紹內控，專業結合實務，相信讀者們都有所收穫，接著我們可以談談風險這塊嗎？據我所

知，如果能做好企業風險管理，就可以有效地增加成功機率，而企業風險管理的範圍很廣，大公司和小公司面臨的風險也大不相同。翊哲可以從小公司的角度，告訴未來有機會成為美國小公司的老闆們怎麼看待風險嗎？

邱翊哲：我認為從一個根本的角度來看這件事，對於小公司老闆來說幫助最大。Priority，重要的人事財務；Potential，可能會出問題的地方；Prevention，預防的能力成本；Plan，如果發生問題怎麼辦；Price，成本效益，這是我在協助數十家年營收從 0 美元到 200 萬美元的中小型企業，總結出來簡潔有效的思考模型。其中不管是哪一個 P，最後都會由 Price 的成本效益作為考量。

林姿伶：關於小公司的風險管理，由翊哲來談會更貼切讀者們的需求，小公司面臨的風險和大公司相較，的確會著重在不同的層面。

邱翊哲：這 5P 對於小公司在可預防的風險上，能夠發揮很大的作用。透過內部的控制、規範和監督來減少或是消除對於小公司來說影響很大的組織內風險。小企業主首先要知道公司裡重要的人事財務是哪些，重要的基準建立在價值或價格高。公司裡哪個員工最會賺錢，或是哪個員工如果離職了公司可能會出現危機；哪些事件的交易價格較高，獲利較高，或是哪個交易事件容易出大問題；現金、信用卡、支票等財物；至於重要的物包括兩種，一種是使用中的物品，例如電腦和工作設備，另一種是存貨。以上這些重要的人事財務，基本上都是由錢來衡量，所以價

格在小企業 5P 風險管理中扮演著很重要的角色。

接著是找出重要的人事財務可能會出問題的地方，同時必須思考出了問題後，哪些地方可能造成嚴重後果。例如一家賣建材的公司和賣鑽石的公司，對於存貨風險管理出問題的嚴重度，會採取截然不同的作法。

第三個 P 是預防，牽涉到如何預防和可以做到的預防方式。風險就是一種出問題的機率問題，有可能發生也可能不發生，在衡量是否要採取預防行動前，通常會先評估要付出多少時間和多少人力成本來處理。由成本效益角度來看，公司會選擇不去處理需要花 5 萬美元來預防可能會損失 2 萬美元的環節。

最後是假設問題已經發生該怎麼辦，而制定出一套計畫。舉一個經常發生的重要員工離職例子來說，答案很明顯，就是不要過度依賴某一個員工。一家五個人的小公司中，一個最重要員工的工作職責中，應該由其餘四名員工每人參與 10%，老闆必須參與 50%，當這名員工休假、跳槽、離職或退休時，公司也能至少掌握 90% 的工作而順利運作。

在制定計畫時，保險是大部分公司會選擇的方式，把風險外包給保險公司來處理，為公司重要的人事財務保險。現在市場上有各式各樣的商業保險，每一家小公司都可以視需求來決定該投保的項目，衡量的標準在於價格，是否合乎成本效益。

○ 風險都是有可能付出代價的

林佩姿： 除了預防性風險，在廣泛的企業風險管理中，有

哪些是需要特別注意的？

邱翊哲：市場風險通常是小公司首要面臨的課題，最主要的原因在於小公司可能較難打入市場或者保持競爭力，必須透過不斷創新和調整產品或服務，來滿足客戶的需求。

當公司隨著時間成長，有機會將規模擴大後，策略性風險就是另一個重要課題。策略性風險源自於公司主動選擇的商業目標和行動，例如投資新市場或是收購新業務等，在決策的過程中，必須達到平衡收益和成本，並在執行的過程中持續監測和調整。

有一種風險是大公司和小公司都無法控制或影響的因素，那就是外部風險，例如自然災害、政治動盪等。唯一的差別在於不同規模的公司對於預防、應對和恢復上的韌性強度不同。

林姿伶：不論公司規模大小，一套好的風險管理，就有機會能為企業創造更多價值。

林佩姿：但企業又容易忽視風險，怎麼樣去建立風險管理的意識呢？

邱翊哲：其實風險是一種不管你做足了多少準備，都是有可能會付出代價的，做生意就是這樣得面對各種不同預料之外的事情發生，這點也是企業主需要有心理準備而且理解的。

企業主要建立一套良好的風險管理意識，不外乎從財務風險、人力風險和法律風險上著手。通常來說小公司可能較缺乏穩定的現金流或資金來源，在成本和開支上須嚴格控管，以免資金鏈斷裂或者負債過高。至於人力風險，可以從提供合理的薪資和

福利、良好的工作環境或職場文化來吸引和留住優秀的人才，也能增強員工的滿意度與忠誠度。

最後也是很重要的一點，在不熟悉法規或者合約細節的情況下，忽略了法律風險。就像在前面的訪談中有提到合約符合法律邏輯的重要，建議請專業人士提供法律意見和協助，以避免違法違約或者不必要的訴訟爭議。

每一家小公司的特性都不同，所以我從這一套小企業 5P 風險管理談起，未來經營美國公司時，只要照著這五個 P 的角度來思考，大致上就能知道公司在哪一個環節，應該特別注意哪些事。

● 從內控和風險管理中看見機會

林佩姿： 最後兩位可以針對中美商業文化的差異，對美國做生意的老闆或投資人有什麼特別想說的話嗎？

邱翊哲： 在未來不只有是走 IT 或是財經產業的人，才能擁有一片天。中小公司為這個社會的付出，創造的價值是不容小覷的。我衷心認為要成功經營一家小公司不難，我沒辦法給出一個絕對的小公司成功方程式，但我敢確定的是沒有踏出第一步去嘗試，絕對無法成功。而選擇適合的環境，踏出第一步是重要的。美國在歷史上是有名的希望之地，直到今天我眼中的美國依舊充滿了機會。

林姿伶： 風險管理真的很重要，尤其是對於小公司來說。在可預見的未來，網路安全（Cyber Security）的重要性，已經不

再局限於中大型公司，小公司的經營管理者也必須開始留意這個議題，其中管理公司網站和入口網站帳號密碼的安全性，多重驗證的有效執行都是很基本的環節。另外，如何用便利的方式來維持高品質的網路安全，開始吸引了許多業界的關注，正等待著快速便利的解決方案出現。

邱翊哲：林姿伶提到的網路安全，在我看來是一個具有發展優勢的產業，有越來越多新創公司開始針對大公司和小公司的不同需求提供服務。小公司的人力和資源有限，一開始只要專注在解決一個小問題，提供一種服務，把一件事情做好，就有機會投射到世界上其他有同類需求的客戶。

林佩姿：希望看完這篇訪談的讀者們，不管未來是成為美國公司的老闆或投資人，都能因為提早重視公司的風險管理和內控，減少不必要的損失，而不是等到吃虧了，才意識到這個領域的重要性。聽完二位的分享，我覺得懂得風險管理和內控十分重要，希望老闆或是未來的老闆們都能更有勇氣創造人生 2.0。

Chapter 3

移民前後稅務
規劃以及稅務合規

07 專業的會計師告訴你關於稅務規劃

投資人必須知道的美國稅務基本概況和種類，以下一一列舉說明。

◯ 關於美國稅務

美國各級政府的稅務種類繁複且觸發條件不一，對於有意移居美國的投資人和小業主來說：

· 移民前的稅務規劃。
· 移民後的個人及公司合規報稅。
· 國稅局與地方稅務機構的稅務爭議處理。

這幾個議題是相對重要的。在美國許多稅的類別中，美國人和外國人身分並無區別，例如日常餐飲購物的消費稅、擁有汽車和房產導致的資產稅或地產稅等，根據各州稅率不同，在結帳時已經將稅費加入到費用總計，沒有額外的申報需求，規劃的空間非常有限。通常政府不管消費者或投資者擁有何種國籍和簽證類型，納稅的方式和額度和美國公民以及永久居民基本相同。

至於所得稅，就與納稅人是否具有美國稅務居民的身分息

息相關，一旦成為美國稅務居民，就必須面臨美國政府全球徵稅的影響。所得稅幾乎涵蓋了美國境內以及境外的所有收入類型，例如工資、投資收益、資本利得等。不同收入類型的課稅方式以及稅率不同，但所有所得稅的公式都可以簡化為「應稅收入」乘以「稅率」。稅率通常是遞進式的，意味著納稅人的收入會被劃分為不同區間，針對收入越高的區間，稅率也會越高。對於高收入的人來說，聯邦和州級別的個人所得稅率合計可能達到 40%以上。

○什麼樣的情況下會成為美國稅務居民

在美國聯邦稅法的定義下，納稅人通常會有兩種不同的身分狀態：非美國稅務居民和美國稅務居民。不同的身分狀態所面臨的稅務情形有所不同，我們以一張簡單的圖表來說明。

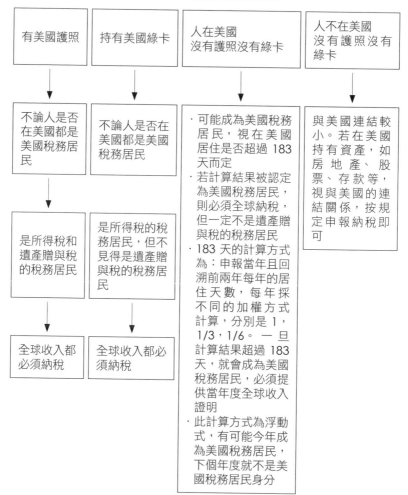

四種不同身分型態的人

有美國護照	持有美國綠卡	人在美國 沒有護照沒有綠卡	人不在美國 沒有護照沒有綠卡
不論人是否在美國都是美國稅務居民	不論人是否在美國都是美國稅務居民	· 可能成為美國稅務居民，視在美國居住是否超過 183 天而定 · 若計算結果被認定為美國稅務居民，則必須全球納稅，但一定不是遺產贈與稅的稅務居民 · 183 天的計算方式為：申報當年且回溯前兩年每年的居住天數，每年採不同的加權方式計算，分別是 1，1/3，1/6。一旦計算結果超過 183 天，就會成為美國稅務居民，必須提供當年度全球收入證明 · 此計算方式為浮動式，有可能今年成為美國稅務居民，下個年度就不是美國稅務居民身分	與美國連結較小。若在美國持有資產，如房地產、股票、存款等，視與美國的連結關係，按規定申報納稅即可
是所得稅和遺產贈與稅的稅務居民	是所得稅的稅務居民，但不見得是遺產贈與稅的稅務居民		
全球收入都必須納稅	全球收入都必須納稅		

移民前稅務規劃上的首要課題

◯ 了解稅務身分的轉變以及相應課稅要求

當納稅人入境美國，獲得美國綠卡後，從獲得美國綠卡那

天算起，就成為美國稅務居民。報稅和繳稅的需求和美國公民基本相同，除了最常規的所得稅申報外，其他衍生的申報需求也同樣適用，例如海外金融資產的申報等。

在納稅人獲得美國綠卡之前，如果持有旅遊、學生或工作等其他簽證的情況下，也有可能觸發美國稅務居民的身分轉換條件。

若非美國稅務居民身分，納稅人通常只需考慮與美國境內經營活動實際有關收入以及相應的課稅要求。例如在美國出租房產、有實際經營業務的公司或短期在美國境內提供勞務獲得的報酬等。但如果納稅人在當年度的收入超過標準，則會產生申報聯邦所得稅的義務，只是美國聯邦稅法對於是否為美國稅務居民的處理方式不同。如資本利得稅等，在稅務身分轉換的時間點，以及轉換前後的資產處理上，多了稅務規劃的空間。

另外，由於外國人贈與美國人是不需要繳稅的，所以夫妻雙方先由一人取得綠卡，另一人維持外國人的身分，也可以利用時間差，透過這樣的方式做資產的轉移。

○ 普通財產法和夫妻共同財產

美國人在各州間移居是很常見的事，所以了解這兩種財產制度是很有必要的。

普通財產和夫妻共同財產是用來區別在婚姻存續期間，夫妻雙方名下財產的產權歸屬問題。在美國有 41 個州是遵循普通法財產制度的，只有 9 個州是採用夫妻共同財產制度，包括加州

和華盛頓州。

採用普通財產的州，夫妻雙方分別擁有自己獨立的財產，包括婚前和婚後獲得的資產，以及這些資產產生的經濟效益。例如先生在結婚後購入一套房產並且放在自己的名下，如果夫妻生活在普通財產州，那麼這套房產就屬於先生獨立擁有。這裡也有一個特例，如果夫妻雙方的名字都出現在產權文件上，那麼這項財產則會視為夫妻共同擁有，所以如果在普通法財產的州生活，財產的所有權憑證上寫誰的名字就至關重要。

在採用夫妻共同財產制度的州，通常除了單獨財產以外的財產都屬於夫妻共同財產。這裡的單獨財產指的是婚前財產和婚後一方通過贈與或繼承等方式獲得的財產，所以婚後任意一方通過勞動獲得的財產都會被視為夫妻共同財產。同樣的，夫妻共同財產所產生的經濟效益，也共同屬於夫妻兩人。

居住在夫妻共同財產州，在不考慮離婚的情況下，大部分夫妻都傾向把財產視為夫妻共同財產，關鍵在於如果夫妻一方先離世，夫妻共同財產的稅基會被提高到去世當天該財產的市值。假設大部分的財產都是隨著時間升值，下一代在繼承這些財產並且未來出售時，所產生的所得稅會大大降低。由於夫妻之間互贈遺產不佔用遺產稅扣抵額，在一方去世時提高的稅基也不會佔用夫妻最終遺產的免稅額度，所以有的居住在夫妻共同財產制度州的夫妻，也因此會考慮利用一些規則方案把個人財產轉化為夫妻共同財產。

居住在普通法財產州的居民不能隨意將個人獨立財產轉化

為夫妻共同財產，但居住在共同財產州的夫妻卻有一些方式和機會能將個人財產轉化為夫妻共同財產。另外，當夫妻從共同財產州搬家到普通財產州時，如果經過相應規則，是有可能在搬家前獲得共同財產保存其共同財產屬性，即便產權證明上只寫了其中一人的名字。

稅務案例說明：

　　A 先生和 B 小姐居住在加州，結婚後花 50 萬美元買了一棟屬於自己的房子。多年後，A 先生不幸因故離世，在去世當天他們當初所購入的房子市值為 80 萬美元，因此這套房地產的稅基會直接轉為 80 萬美元，而非當初購入的 50 萬美元。又經過多年後，B 小姐決定將房子售出，此時的房子市值已提升至 90 萬，因此最終資本利得計算為 10 萬元，所需要繳納的資本利得稅也大幅降低許多。

　　若是居住在普通財產州，A 先生和 B 小姐共同持有 50 萬美元的房產，在 A 先生去世當天房子的市值為 80 萬，那麼此房地產的稅基將變為 65 萬，由原先 50 萬美元的一半，再加上市值 80 萬美元的一半計算出來。

○ 移民前稅務規劃的實際操作

　　對納稅人來說，成為美國稅務居民後的一個主要變化就是全球的收入都需要在美國申報和繳稅，例如，在台灣的工資或房地產出售等交易都需要在美國申報。即使這些交易的結算貨幣不是美元，而且收益也沒有匯入美國銀行，也會被視為美國稅務居

民的所得並納入美國報稅。為了避免雙重課稅，假如在其他國家的收入已經在該國繳過稅，那麼所繳的外國稅款可以在美國報稅時，作為稅收抵免。

如果一些交易在發生國是免稅或是稅率比美國低，而該交易被美國視為產生所得的話，那麼將會產生美國稅務負擔。舉例來說，在台灣股票交易不需繳納資本利得稅，假設美國稅務居民持有台灣股票，並且在賣出時賺了錢，該部分收益則需在美國境內申報納稅，長期資本利得稅最高達23.8%。若是稅率較美國低，則須補繳兩者之間的差價。

在成為美國稅務居民前，是納稅人進行稅務規劃的最佳時機，尤其是針對自己在本國的資產以及未來可能產生的收入。以下為常見在原所在國的資產項目，一旦成為美國稅務居民後，便需要繳納美國所得稅：

· 工資及退休收入。
· 房地產出租及出售所產生的收益。
· 所持有公司的分紅。
· 金融投資的分紅和資本利得。

因此，在獲得綠卡並且登陸之前，整理並且記錄自己和家人的資產，以及未來可能產生的收入來源，做稅務規劃是非常有價值的。具體的稅務規劃執行上需要考慮資產和未來收入的種類、所在國和美國稅率的差異，以及是否有能力提前或延期確認

該收入。如果兩國之間對某類交易的稅率有較大差異，那麼提前或延後確認該收入可使得該項收入在美國境內永久不產生所得稅。再次使用上文舉例的股票為例，在成為美國稅務居民之前出售已經有大量帳面盈餘的股票，並在出售後再購入，提高這些股票的稅基。稅基越高的資產在未來出售時，所產生的所得稅會越低。

在進行移民前稅務規劃時，由於所在國的文件標準以及語言格式和美國可能不同，準備好相應的文件，翻譯版本和公證材料也是極為重要的，對於日後佐證一些海外資產和交易時會非常有幫助。

E-2 馬克稅務諮詢：

馬克在遞交 E-2 申請通過後，也一併諮詢了易途時代在稅務上的規劃。會計師在整理了夫妻現有的資產後發現，太太持有 10 張台積電股票，在 2014 年以 119 元的價格購入；馬克名下則是有一棟以 1580 萬元購入的房子，這些資產在目前都已經有大幅的增值。由於房地產的買賣牽涉的金額較大和時間較長，因此會計師建議馬克不要急於處理手邊的房地產，只要嚴格遵守美國國稅局規定的 183 天居住測試，就可以避免成為美國稅務居民而需全球納稅。至於太太打算長時間待在美國陪伴小孩唸書，勢必會超過 183 天的居住規定，因此手中持有的台積電股票在離開台灣之前，會計師建議先行賣出再立刻買進，將成本墊高，繼續持有看漲的台積電股票，未來在交易的資本利得稅上，會有大幅的節省空間。

移民後的個人及公司合規報稅

○ 所得稅是關鍵

所得稅的申報主體通常為個人（或家庭）以及企業。

在企業所得稅申報上，根據企業類型的不同，有不同的稅務規則。而企業的所得稅也可能與其股東的個人所得稅進行統一申報。

書中我們的討論以這兩種企業類型為主：

‧ 有限責任公司（LLC）。
‧ 股份制公司（Corporation）。

在個人所得稅的申報上，我們會從這兩個點談論：

‧ 工資所得。
‧ 投資收益所得。

○ 工資所得

美國稅務居民的大部分收入所得都需要向國稅局申報並且繳納相應稅費，常見的個人收入有工資、投資收益、名下企業分紅、資產售出的資本利得等。在每年的 4 月 15 日以前，納稅人須完成並且提交個人所得稅稅表，申報上一年度的所有應稅收入以及相應的扣抵額，並計算出所欠稅費。

由於美國採取預繳稅的方式，部分種類的收入在收到時，已經預繳過相應的稅費，例如每一次發放工資時，雇主會根據工資情況為員工預估相應的所得稅，預先繳納給國稅局。若是在年度報稅時，最終計算出的欠稅低於預繳的稅費，在超繳所得稅的情況下，可以向國稅局申請進行退稅。

假如納稅人 A 某年的收入僅有工資 100,000 美元，雇主在發薪時已經扣除並預繳所得稅 20,000 美元，納稅人 A 根據個人和家庭情況申報相應的稅收抵扣優惠，根據當年度稅率其實際欠稅為 15,000 元美元，那麼在報稅時可以申請 5,000 美元的退稅。

○ 投資收益所得

我們把投資區分為兩種，分別從持有階段和出售階段的收益，來說明之間不同的稅務關係。

· 金融資產投資，如股票和債券。
· 房地產投資，如房產。

在持有階段，金融資產可能會產生股息和利息收入，房地產則主要為出租收入。不同的是，大部分股息和利息收入沒有可用的抵扣，而房地產的租金收入可以被相應的經營費用抵扣，例如維修護理、貸款利息等，就如同運營一家小公司所產生的收益，可以享有一些相關費用的稅務抵扣。

在出售階段，金融資產和房地產都會產生資本利得，資本

利得的計算公式是售價減去成本價。而經營房地產享有的折舊費用抵扣，在房地產出售時，有可能會被加回到資本利得的計算公式中。

資本利得的稅率通常優於普通收入的稅率，前提是必須持有該投資品的時間在 12 個月以上。在出售之前，無論投資標的市場價上漲或下跌了多少，都不計入收益或者損失，所以也不會有任何稅務上的影響。持有較久的投資品有可能會在出售時產生巨額收益，同時也會產生一張巨額的稅單。所以，在出售資產之前，需要合理規劃現金流並盡量綜合使用一些抵稅工具。

在金融資產投資方面，有一個特殊的例子是投資小型公司的股權。由於小公司的股權流通性較差，並且公司的未來不確定性較高，這類投資風險通常也比較高。國稅局對此類投資有一些優惠政策，在滿足部分條件的情況下給予免稅等優惠。如果不幸遇到投資公司倒閉的情況，那麼至少所損失的投資額也可以抵扣一些其他收入的所得稅。

至於房地產投資帶來的穩定現金流回報以及潛在的升值空間，在美國投資房地產對大多數人來說是一項常見的投資選擇。投資房地產可能會產生的租金收入以及出售時的資本利得，這兩項收入都需要在同年的個人所得稅上申報，但申報的方式和稅率有所不同。

· **房地產的租金收入**

納稅人每年都需要先對房地產的租金和相應的常規費用進

行一個結算，例如維修費用、地產稅、貸款利息等等，並用淨收入進行個人所得稅的申報。投資房地產還有一項特有的抵扣項目，就是折舊費。如果是普通民用的住宅出租，折舊費的計算方式為房屋成本除以 27.5 年，即便沒有現金的流出，折舊費每年仍然可以扣抵，降低房租帶來的應稅收入。每一棟房產在單獨進行租金和抵扣的結算後，淨租金收入和納稅人的其他收入匯總，並根據相應稅率計算應繳所得稅。

如果某一年投資的房地產 A 經營支出較高，例如產生了高額的修理費用，或者當年度由於房屋空置較久，租金收入低於相應費用，最終房地產產生帳面虧損。這些虧損首先會用來抵扣其餘房地產所產生的租金淨收入，若所有的房地產當年度經營總計為虧損，那麼這些虧損可以用來抵扣納稅人的其他收入所得，例如工資收入等。但要注意的是，房地產經營所產生的虧損為被動虧損，被動的概念相較於主動勞動或經營所產生的收益，所以房地產的經營虧損抵扣效果會受個人收入等限制因素，有時並不能全額用於抵扣。當年度不能抵扣的虧損也可以用於抵扣未來所產生的租金等收入，所以房地產經營的費用不會消失，只是扣抵的時間點不見得是當年度。

舉例來說，以 27.5 萬美元購入的房屋，每年的折舊費為 1 萬美元，假設每年租金收入為 8,000 美元，扣除維修支出的 1,000 美元後，雖然帳面上有 7,000 美元的現金收入，但最終在稅表上會是 3,000 美元的虧損，而獲得稅收上的優勢。

・房地產的資本利得

房屋出售時如果售價比成本高，那麼高出的部分會按資本利得納稅。房屋的成本主要由購買價格以及之後的修繕費用組成，這裡的修繕費用和上文提到的維修費用有所不同。簡單來說，如果是結構性和改造的修繕，那麼這些費用不在當年度抵扣，而是會被加到房地產的成本中，在出售時由於成本變高，那麼潛在的資本利得也會降低。如果是日常修繕的維護費用，那麼這些費用便會在當年度直接抵扣租金收入。

出售房地產產生的資本利得與其他投資品類似，會按一個較低的稅率進行納稅，在聯邦稅的層面，通常不會超過23.8%。如果房地產的出售價格比當年的購買價格高，那麼在進行資本利得的計算時，需要把之前所有扣抵過的折舊費用加回。假如房地產A當年的購買價格為50萬美元，在出租的幾年時間內一共產生4萬美元的折舊費，最終得出售價格為70萬美元，那麼需要納稅的除了20萬（70萬－50萬）的常規資本利得以外，之前所使用的4萬折舊費用也需要被加回，這項交易總計產生的收益為24萬。

○ 常見的稅收優惠和抵扣方式

國稅局將納稅人的所有收入（除少數特例免稅收入）列為應稅收入的同時，也提供一些相應的稅收抵扣和優惠。如果符合規定情況，納稅人可以使用相應的抵扣以降低應稅收入，以及最終欠稅。在個人稅務規劃上，常見的稅收抵扣包括：

．**自住房按揭貸款利息**：納稅人如果擁有房產並且自住（而非出租），那麼房產每年的按揭貸款利息可以抵扣年度應稅收入。

．**財產稅**：納稅人每年為名下的車輛或房產繳納的財產稅也可用以抵扣年度應稅收入。

．**學費和學生貸款利息**：納稅人以及其子女的大學學費或學生貸款利息都可以產生所得稅的優惠。

．**慈善捐贈**：向符合資格的慈善組織捐款或捐物可以抵扣年度收入所得。

．**醫療費用**：美國的大部分醫療費用都有可能被醫療保險公司報銷，如果有未被報銷的大額醫療支出，也可以在年度個人所得稅申報時抵扣。

．**未成年子女**：如果家裡有 17 歲以下子女同住，可以產生稅收減免。

○ 關於報稅週期

美國的稅務機制是一套全年性的整合預估系統。

每一年的 4 月 15 日是美國個人的報稅截止日，這一天也被稱作 Tax Day。但其實除了這一個重要的截止日以外，美國的稅務繳納和申報是一個全年的系統性過程，並非簡單地在 4 月 15 日當天或之前將稅表提交即可。

- **全年預繳稅**：國稅局希望每一個納稅人在獲取收入的同時就將相應稅款繳納，因此雇主在發放工資給員工的時候，已經預扣並繳納了所得稅。若納稅人的收入來源主要是經營企業或者投資收益，通常需要每個季度根據自己的盈利和收入情況將所欠稅款進行預估並繳納。在下一年的 1 月 15 日以前如果預繳了上一年度欠稅的 90%，則算合規。

- **補稅或退稅**：在 4 月 15 日提交稅表時，納稅人會根據收入和抵扣情況計算出應繳稅額，並根據已經預繳的稅額得出最後是需要補稅，還是會得到相應的退稅，多退少補。

- **申請延期**：若無法在 4 月 15 日以前提交稅表，納稅人可以申請一次 6 個月的報稅延期。但該延期只適用於稅表的申報，並不延期繳納稅款的截止日。所以即便有延期，納稅人也須盡量在 4 月 15 日以前預繳所欠稅款，否則同樣會收到罰款。

- **修改已經申報了的稅表：**若在報稅後發現所提交資訊有誤或者遺漏，可以提交一份更正稅表。更正後的稅表若導致納稅人欠更多稅，那麼國稅局也會從原始的繳稅截止日開始計算罰款和利息。

綜上所述，美國的所得稅系統是一套連續的預估，預繳並在年度報稅日對所有資訊進行整合的系統。當個人的收入或其他情況有變化之時，也需要對預繳稅數額進行重新評估，以免在報稅日臨時發現需要補繳大額稅款。

○ 收到國稅局的信件怎麼辦？常見的被審計和問詢的原因

在美國生活，收到國稅局的信件通常是一件令人擔憂的事情。很多人都有過收到國稅局對個人所得稅稅表的審計調整或問詢的經歷，以下是幾種常見情況及其原因：

- **對收入數額申報與國稅局系統內資訊有出入：**美國個人所得稅報稅系統雖為自主報稅，依靠納稅人主動將所有收入加總並申報，但是在報稅之前，國稅局其實已經收到了部分收入資訊，例如工資收入，雇主有義務將所有僱員的工資以及預繳稅資訊提交給國稅局，所以當納稅人填寫稅表時，工資數額與雇主反饋給國稅局的資訊有出入，有可能就會收到國稅局的信件，並要求確認正確的收入資訊。

‧ 所欠稅款未及時支付：許多納稅人對美國報稅系統有一個常見的誤區，就是報完稅就等於繳完稅了，其實報稅和繳稅是兩個獨立的事件，報稅是向國稅局提供收入和預繳稅資訊，若根據稅表最終是有退稅，那麼就不需要繳稅。如果最終計算還需補繳，納稅人需要即時將所欠稅款繳納，在報稅完成幾週後，如果欠稅未繳清，國稅局會寄出一份催繳帳單並按拖欠時常徵收罰款。

‧ 要求對一些財務資訊提供憑證：上面提到過國稅局通常已經從第三方獲得納稅人的部分收入資訊，例如從雇主處取得工資資訊、從證券交易所取得股息和資本利得資訊等，但有部分收入是完全依靠納稅人主動計算並且提供的，例如名下房產的出租收入，納稅人須提供所收到的租金並且減去相關費用，按此淨收入進行繳稅。這一部分的計算國稅局是沒有途徑從第三方取得全部資料，所以有可能會向納稅人出信要求提供相關的憑證，例如銀行對帳單或者費用收據等等。

‧ 對所申請的稅收優惠項目的審計：此類問詢包括對所申報慈善捐款的憑證、房屋按揭貸款利息的支付憑證，或所撫養子女的學費等稅收優惠項目的文件證明。對於此類稅收優惠的相關文件，建議納稅人保存至少三年，方便在收到問詢或審計時提供。

收到國稅局的信件並不總意味著需要補繳稅款或者罰款，一般情況下在提供了所要求的文件之後，如果資訊符合實際情況，那案子就會迅速了結。如果的確出現了報稅資訊有誤而導致少繳或漏繳，通常會有一個小額的行政罰款，與所欠稅款一並補繳即可。

對於某些輕微的罰款，國稅局有設立申訴渠道。有時納稅人因為一些不可抗力或者其他原因，如重大疾病等，未能按時正確報稅或繳納，在收到罰款通知之後可以向國稅局提供相關材料並且申請罰款的減免。

◯ 小業主在企業所得稅的申報上，需要特別注意的事

若納稅人自己經營企業，企業每年也需要申報所得稅，企業所得稅的計算簡單來說就是用企業的淨利潤乘以稅率。這裡的淨利潤是從稅法角度出發，部分項目和通常的通用會計準則會有區別，但若沒有特別複雜的財務和會計結構，那麼淨利潤通常就是總收入減去總支出。在計算得出企業的所得稅額之後，下一個問題便是誰需要承擔並支付這一塊稅費？根據企業的類型不同，可能是企業自身需要支付，或者是企業的所有權人支付。

從稅務的角度來看，美國的企業可以大致分為兩類，一類為股份制公司，簡單來說就是公司本身和所有權人之間是分開的，通常會聘請經理人管理公司。另一類被稱為流轉實體，大部分的有限責任公司（LLC），合夥企業或者個體戶經營都是流轉實體。股份制公司需要在企業層面繳納一次所得稅，但流轉實體

並不存在企業層面的所得稅，反而是將這一部分欠稅流轉到其所有人的個人稅表。股份制公司如果需要將淨利潤分紅給股東，那這部分分紅需要被當作收入在股東的個人稅表上再繳一次稅，這也被稱作雙重徵稅。

舉例來說，一家公司 C 在經營一年以後，其收入為 100 萬美元，各類支付為 80 萬美元，故得到淨利潤 20 萬美元。假如 C 公司是股份制公司，那麼公司需要在公司層面繳納 21% 的公司所得稅，也就是 20 萬×21% ＝ 4.2 萬美元。若公司不分紅，決定將稅後利潤（15.8 萬美元）留在公司進行後續生產及投資，那麼故事就告一段落，沒有額外的付稅要求。但若公司的股東在今年度拿到了公司淨利潤的所有分紅，那麼股東需要在自己的個人稅務層面對分紅收入進行納稅，金額為 15.8 萬×20% = 3.16 萬，公司和股東分紅層面的稅款總額為 7.36 萬美元。

若 C 公司為一家有限責任公司，在稅法上被看作為流轉實體，那麼這 20 萬美元的淨利潤在公司層面不會產生任何稅費。無論公司是否將這 20 萬美元分紅給公司的所有權人，這 20 萬美元淨利潤都會在稅表層面流轉到股東的個人所得稅表，假設該股東的邊際稅率為 35%，那所欠稅費為 20 萬×35%=7 萬美元。

對於經營規模和股東結構的企業來說，選擇流轉實體可能會在稅務上有一些優惠，並且在其他的合規申報方面也會相對簡單。

○ 常規小企業和企業主的稅務規劃

對於企業來說，稅務規劃的種類和方法通常要根據所處行業、所在州、企業規模、相關風險等方面綜合考量。但對於大部分常規的小型企業來說，一些稅務規劃的方法是普遍適用的。對企業所得稅的規劃目標是提前知曉並預繳相關稅款，進行合理避稅。以下幾點稅務規劃方法適合大部分小型企業進行參考。

1. 準備月度或季度財務報表

雖然小型企業沒有審計或其他第三方對其財務資料的查閱要求，但即時整理財務報表仍然會對整體的稅務規劃以及年度報稅有利。了解公司每個時間段的應稅所得有助於企業主進行預繳稅的計算，以及準備下一時間段的其他稅務策略。由於大部分小企業都是使用現金基礎進行稅務申報，所以一些稅務規劃的方法需要在第四季度結束前落實，以達到該年度享受相應的稅收優惠。每月或季出具財務報表也會使得第二年出的年度報稅工作變得相對輕鬆。

2. 差旅和汽車費用

除了企業自身營運時的必要費用以外，和企業經營活動相關的差旅費，也可以用來抵扣企業應稅收入，其中包括了車輛的使用費用。企業主或其僱員因公進行商務活動期間的機票、酒店和餐飲費用可以計入公司抵稅項目。由於這是一個被國稅局嚴格審查的科目，相關的原始文件需要保留好，例如行事曆等，以證

明這些差旅支出的因公性和必要性。企業主若自己開車去參加會議，面見顧客或供應商時，車輛的行駛費用也是可以抵稅的，所使用車輛不一定需要掛在公司名下，但需要區分開每年因公和因私所行使的里程，並做好紀錄。國稅局每年允許根據車輛因公行駛里程數進行一個標準抵扣，2022 年該額度為每英里抵扣 58.5 美分。

除了上述抵扣里程的方法，如果企業主將車輛視為主要因公使用（大於 50%），那麼該車輛可以視為完全的公司資產，其產生的相關費用在合理範圍內都可以抵扣收入，例如車輛的保險、維修、汽油開支等，最主要的是車輛本身也可以和其他企業資產一起進行折舊抵扣。

3. 年底提前結算費用

許多企業之間都有一個 30 天的付款週期。從現金流的角度考慮，最大化地使用付款週期進行支付，有利於企業更有效率地使用資金，但是從稅務規劃角度來說，在 12 月底前提前支付一些相關費用可以提早地拿到相應的稅收抵扣，因此早一年拿到節省下來的稅款，並投入企業經營或其他用途。如果企業預計下一年的淨利潤和今年差異較大，那麼該企業和企業主本人兩年間的稅務也會非常不同，因此提前或延後一些費用的支付也可以最大化稅收減免。需要注意的是，國稅局規定只有支付已完成服務或收到商品後的費用才可計為稅收抵扣，因此在 12 月預繳未來五年的房租是不可以全部用作該年度的稅務抵扣的。

4. 合理使用資產折舊

企業收購並投入使用一些資產後，每年都會產生相應的資產折舊費用並抵扣當年度所得稅。最常見的方法是直線法折舊，假設企業投入使用一台花費 10 萬的生產設備且預計該設備有 5 年的使用壽命，那麼未來每年該企業都可獲得 2 萬元的折舊抵扣。在此基礎上，國稅局允許根據實際情況使用其他的折舊方法，以提前或者延後拿到相應的折舊費用。另外第一年額外折舊和 179 折舊法也是非常常見的調節資產折舊抵扣的工具。納稅人可以根據自己的盈利預期和投資計畫，合理使用不同方法進行資產折舊，已達到最優的節稅方案。

5. 慈善捐款升值資產

慈善捐款是美國一項常用的抵稅項目，個人和企業都可以通過慈善捐款拿到抵稅額度。若進行現金捐款，雖然捐贈者可以在一定範圍內抵扣所捐數額，但是對其稅後現金流並不是最優的。假如一個納稅人處於 30% 的稅率階梯內，那捐贈 100 元的現金並抵扣後可以節省 30 元的稅款，相當於用 70 元的資金淨流出，給予了自己所支持的慈善機構 100 元的價值。

相比現金之下，還有一種更有效的慈善捐款抵扣方法，那就是捐款已經有大額升值後的資產。最常見的該類資產就是股票，還是回到剛才的例子，納稅人處於 30% 的稅率階梯內，其花費 100 元購入的某公司股票已經漲到 200 元的價值。

(1) 如果納稅人將股票出售，他需要先繳納 30% 的所得稅，並將剩下的 170 元現金捐出，拿到價值 170 元抵稅額，也就是省下 51 元的稅款，並且該慈善機構也只能拿到 170 元的現金。

(2) 另一種作法是納稅人直接將升值的股票捐出，拿到 200 元的抵扣額，也就是省下 60 元的稅，並且慈善機構也能拿到價值 200 元的股票，而不是 170 元的現金。由於慈善機構不需要繳納所得稅，它可以將股票立即出售，也能獲得相應的 200 元。

除了股票以外，一些容易升值的資產，例如藝術品、自然資源等，通常也是作為慈善捐款的好標的。

另外，常見的稅務規劃方式還有這三個：

· 合理分配稅收給其他家庭成員。
· 研發（R&D）稅收優惠。
· 養老金計畫。

以下細說：

· 合理分配稅收給其他家庭成員

由於美國的所得稅率為階梯制，一些收入較低的家庭成員，例如退休後的父母，還在高中或大學的小孩等也會有相比企

業主來說較低的稅率。通過僱用關係，合理地將企業中一部分利潤分配給其他較低收入的家庭成員，可以有效降低整個家庭的最終稅額。

其他低收入的家庭成員不僅稅率區間低，分配一些勞動所得給他們也可能產生其他的益處。舉例來說，如果小孩想提早開始個人養老金帳戶，並提早開始積累免稅的投資收益，那麼一些勞動所得就是必要的。對家裡退休的老人來說，有一些合理的勞動收入對於他們的健康保險或其他稅收優惠項目的申請，反而是完全申報零收入來得有利。

・研發（R&D）稅收優惠

研發稅收優惠是政府為鼓勵企業投資研發活動而提供的稅收激勵。這些優惠的目的是促進創新和經濟增長。

在美國，研發稅收優惠是一項聯邦稅收優惠，適用於各種規模和各個行業的企業。它允許企業在資格研發費用上申請稅收優惠。優惠是根據可認證費用的百分比計算，優惠的金額可能會因企業規模和其他因素而異。

可認證的費用，費用必須在試圖發現技術性質的資訊過程中產生，且必須在美國產生。

・養老金計畫

作為一種頗受歡迎的員工福利以及節稅手法，大部分的美國企業都會提供養老金計畫給員工。這些養老金計畫不但可以為

企業和相關員工節省當年度的所得稅，其儲蓄和投資的屬性也為員工退休以後的生活，提供了一定的保障。

最常見的養老金計畫被稱為 401(K) 計畫，由企業提供並且贊助，每一位員工有其獨立的帳戶，可以選擇每次將一定比例的工資直接存入該帳戶。員工所存入的這部分收入在當年度可不用繳納個人所得稅，降低了整體的賦稅。除了從員工工資部分扣除外，企業也可以出資贊助員工的養老金帳戶。企業所贊助的這部分支出也可以作為企業的稅務抵扣，降低企業賦稅。員工養老金內的帳戶可以進行不同種類的投資，包括股權，債券或者房地產等，每年投資所產生的收益在當年度不用繳納任何稅。當員工到了 59 歲半以後，可以選擇將養老金帳戶的資金取出，這時才產生稅務責任，但通常退休後的整體收入會較低，所以在養老金帳戶內的資產繳稅時，也會有一個較低的稅率。

不同種類的養老金計畫，有著不同的條件限制，例如每年最多可存入的額度，以及對帳戶內資產投資選擇的靈活程度等。企業主可以根據企業的利潤，未來的資金使用計畫和員工需求，來選擇最適合自己的養老金計畫。如果企業有較高額的利潤，並且對未來的擴張沒有太大的資金需求時，那麼可以選擇存入上限額度最大的養老金方案，以達到最優的稅務抵扣。

一般養老金計畫對操作和其他方面的合規有著相當高的要求，所以帳戶管理通常會收取較高的管理費用。為了使更多的小型企業和其員工也能享受到退休金計畫帶來的福利，國稅局有准許一些特別針對小型企業的退休金方案，例如 SEP 類計畫。這類

退休金帳戶有著相同的節稅屬性，並且也有很多可以投資標的物，在開戶、管理以及操作上，比常規的401(K)帳戶方便很多，更適合規模較小和員工數量較少的小型企業。

養老金帳戶內的資產也可用作抵押物，在需要的時候以此貸款出來使用。

○ 企業跨州際間的稅務規劃

在企業發展到一定規模後，會面臨擴張到其他州的需求，小業主最好事先了解企業擴張後，跨州際間的稅務規劃。美國除了聯邦所得稅外，大部分州也會對企業和企業主的個人所得收繳所得稅。雖然各州對計算所得稅的方式基本和聯邦相同，但每一個州都有一些特有的條款或規定，提供了企業進行州際間稅務規劃的空間。

對在不同州經營的企業來說，首先希望避免的就是同一份收入被不同的州進行重複課稅。在業務拓展進入另一個州前，了解該州對企業所得稅的定義和申報要求是很有必要的，大部分州都會根據實際交易產生的地點，或者各州內的資產和員工比例為基礎劃定該州內的課稅範圍。根據各州允許的方法提前對財務資訊進行整理並申報，可以避免被兩個州重複課稅的困擾。一些州會給予特定的經營一些稅收優惠，以鼓勵相關的企業進行相應的投資。這些稅收優惠通常都會需要主動申報並申請。

另外，各州對企業的執照，工資和失業保險金的繳納等要求也是不盡相同。對一家新企業來說，提前了解相關規定可以有效避免行政處罰。

○稅表對企業信貸的影響

企業所得稅表作為一家公司主要的財務文件，在申請政府補助，銀行貸款或者其他資質的時候，都有相當關鍵的作用。一些政府補助項目，可能對公司的成立年份、員工數量、營業額有所限制，而這些數據都可以通過每一年的企業稅表所反應。同樣的，當銀行對一家公司進行貸款評估時，也會參考企業稅表。通過一份完整的企業稅表可以在一定程度上看出一家公司的經營規模，盈利能力和結算能力。雖然相比完整的財務報表來說，稅表能提供的財物細節和說明都不算全面，但由於大部分小型企業都沒有被審計過的財務報表，所以銀行等第三方機構，通常會更依賴企業的年度所得稅表進行初步的評估，而不單單是企業自己準備的財務報表。

一家企業完整的聯邦所得稅表通常可以提供以下幾方面的資訊：

1. 企業的主要經營活動範圍。
2. 企業的股東資訊。對於大部分的銀行來說，針對較新的企業貸款通常需要審核所有股東的個人財務資訊，包括他們個人的所得稅表。
3. 營業額和盈利能力。這兩項是計算企業所得稅的出發點和結果，期間的所有條目，各類抵扣費用也會反映在稅表上。
4. 資產和負債資訊。

5. 通過工資和合同商支出反映出的員工雇用情況。

6. 部分與海外關聯企業的情況。

　　根據企業所處行業和經營特性，很多銀行也會比較額外注重稅表上一些特定的科目申報數額，例如利息支出、壞帳計提等。即便都是屬於聯邦所允許的抵扣費用，在稅表上如何歸類和定義這些支出，也是會對企業的財務面貌產生影響。

　　企業稅表不僅是向國稅局匯報該年度的應稅情況，其中的細節也會在企業或企業主的其他應用情景下產生反應。

　　例如，在企業主進行一個人相關的申請時，也會被要求提供自家企業的年度稅表。或是醫療保險申請、小孩的大學助學金申請等，這些項目都會要求審核申請人名下的企業稅表，以確認個人收入和財務資訊。當企業主的收入超過或低於某些特定範圍，會影響一些項目的申請資格。

　　以上，我們所談論到的稅務規劃或是稅務相關議題是大多數人來美國都會遇到的問題，特別是在美國做生意的小公司老闆和家庭成員們。我們從一個整體的角度做簡單的介紹，想讓大家對於美國稅務有普遍的認識，以及事前該做哪些準備，而不是將它視為一套報稅的標準。美國稅法繁複，很多情況是沒有辦法一概而論的，個人情況的些微不同，都會在個人稅表上產生許多的差異，適用的稅法也不盡相同，因此有了對稅務的基本認識，可以讓你在與會計師溝通上更有效率。當你有任何稅務相關問題時，請務必諮詢你的會計師，才能針對個人的情況，規劃出最適合的合規報稅方式。

特別收錄：台灣護照價值報告

你知道台灣護照在世界各大排名中都是前段班嗎？

知名的亨利護照指數（The Henley Passport Index）根據國際航空運輸協會提供的數據，以全球 199 種不同的護照和 227 個不同的旅行目的地，排名了全球最適合旅行的護照，這個排名也是全球公認評估護照流動性的標準參考指標。在 2023 年第一季全球最好用的護照，日本榮登冠軍，台灣排名第 29 名[1]。

根據 Passport Index 全球護照實力排名，以更細緻的衡量標準，包含需辦理簽證、免簽、落地簽，以及電子簽的數量，搭配人口數等，為每個國家的護照計算分數，提供了全球即時的護照實力排行榜，其中阿拉伯聯合大公國是 2023 年全球最有實力的護照，台灣排名第 30 名[2]。

Kälin 和 Kochenov 的國籍質量指數（QNI），同時考量了內部與外部的因素，對國籍進行評分比較。內部因素包括經濟實力、人類發展和和平與穩定。外部因素則是指旅遊自由與定居自由。法國在 2018 年排名第 1，台灣則是排名第 51 名[3]。

NOMAD CAPITALIST 制定的游牧民族護照指數排名，指數計算以旅遊、稅務、幸福觀感、雙重國籍和個人自由度為基準，

1　https://www.henleyglobal.com/passport-index/ranking
2　https://www.passportindex.org/byRank.php
3　https://www.nationalityindex.com/

2023 年阿拉伯聯合酋長國名列第 1，台灣目前排名第 72 名[4]、[5]。

　　一本護照代表著一個國家公民權的經濟價值與認同價值，一個護照的持有人會因為個人偏好與優先事項決定了一本護照最終的感知價值。

　　台灣正處於一個特殊的時期，中美競爭的大時代，台灣的優勢、台灣的價值，就像是一座金山銀山，但坐在這座山上的台灣人民卻不見得知道，也就無從利用台灣護照的優勢了。

　　這個時代的變化太快，不管是政治與國際關係，ChatGPT，AI 的發展，戰爭影響了生活，瞬息萬變的工作型態和商業模式，台灣在各方面與國際接軌互動的價值一直被台灣人低估和忽視，我們希望透過這份台灣護照價值報告，讓台灣人感受到台灣的價值，也藉由台灣護照價值報告，用一個明確的價格帶來直覺式衝擊，讓更多人重視台灣護照的價值，而不是妄自菲薄的走在這個選擇的時代。

　　價值高低，是一種相對之下比較出來的優勢與劣勢。

　　在探討護照價格時，各種公民權利的經濟價值是難以量化的，只能從長期居民權的整體價值中找出對價關係。至於使用者的感知價值則可以從旅行經驗指數、個人成長價值、家庭生活、教育環境、建立網絡潛力、小眾興趣的兼容性、藝術和文化的可及性，甚至是慈善機會等層面，找到連結價值的關係。至於如何

4　https://nomadcapitalist.com/nomad-passport-index/

5　這裡的護照排名是以報告製作時間為主，最新資料請上網搜尋

計算出一個客觀的護照價格？我們探索出的公式是以使用價值的最大化為基準，加權相關參數，所得出一個價格，這一價格是隨環境時間而變化，這也是我們第一年（2023）所出的價值。護照賦予了公民的各種權利，使用之後可能創造出的經濟價值為何？在這些隱性的機會中，選擇與不選擇是公民的使用權利，但明白自己擁有這樣的一個權利，是對每一個台灣人有意義的。

台灣護照的優勢有哪些？

・全球流動性

一本好的護照必須具備高全球流動性。

在 2023 年第一季度的亨利護照排名中，台灣擁有 146 個可免簽進入的國家，全球排名第 29，亞洲地區排名第 5。台灣護照的便捷性很高，甚至在澳洲、美國、韓國、義大利與德國等國，都允許台灣公民在持有效晶片護照入出境時，只要申辦就可以使用「自動查驗通關系統」，快速的進出國境節省時間。

・E2 簽證的經濟價值

台灣護照最值錢的特權。

每個人都想追求的高品質生活，護照直接影響了個人的成長和發展機會，儘管在計算各種公民權利的經濟價值中，如工作權、獲得的社會福利等，這些因素都難以被量化，但台灣護照給了台灣人一個巨大的機會價值，就是美國 E2 簽證資格。E2 簽證

讓台灣公民有機會進入美國，世界上最大的經濟體，在這個充滿活力和機會的市場中，投資者或創業家們能夠彈性自由的創業，購買或是擴大企業，從美國先進的技術和豐富的資源中獲益，在各個行業中尋求成功的機會。

E2 簽證除了能夠帶來經濟價值，對於簽證持有人的工作權和居住權的權利與義務要求也是非常友善的。另外，2023 年美國新規定透過金融投資獲得其他國家護照公民身分的個人，在申請E2 簽證前，必須在該國居住不少於 3 年的時間。對於需要藉由取得他國護照來申請 E2 簽證的非條約國公民來說，又增加了等待的時間成本。

E2 簽證讓台灣公民有機會開啟不同的人生旅程。對於嚮往移民的家庭來說，E2 擁有與綠卡相似的福利，對於投資創業家來說，E2 在稅務上更是具有綠卡所沒有的優勢。而很多的台灣公民並不知道自己擁有這個權利，一個多數人需要付出更多時間和大筆金錢才能換來的一個權利。

‧長期居住價值

台灣是一個具有吸引力的居住地。

台灣面積雖小，但台灣卻是重要的國家，2,300 萬人口，有豐富的海洋資源，國際貿易發達。生活在台灣，許多人對於中文、英文和日語都有溝通能力，理想的生活條件，和鄰近亞洲較大的經濟體中國和日本相較之下，生活壓力較小。

持有台灣護照在國際間從事金融活動，具有高接受度。和

歐盟小國相較之下，少了各式各樣的規範，也不會受限於大國的管理。不管是在台灣從事哪個領域的行業，金融、貿易、科技、學術等都能享有相當的優勢，具有發展的潛力，晶圓製造更是帶給台灣巨大的優勢。

疫情後的時代，台灣有效地應對疫情，台灣的產業鏈和整體環境都能適應，配套措施完善。全球在疫情時，以醫療科技為導向，台灣的高度發展，讓生活在疫情時的台灣人仍享有一定的生活品質，去創造不同的生活價值。

・稅務環境

對於持有台灣護照的企業家或是高資產的人來說，從稅務規劃來優化資產的配置和財富管理是很有優勢的。台灣目前已與全球 34 個國家簽訂互惠的租稅協定，其中因為特殊的政治地位，在與國際的 CRS 簽署上進展則較為緩慢，這對台灣稅務居民可能是一種優勢。台灣政府收稅的主要對象是在台灣賺錢的人和賺錢的公司。美國的稅務居民則是需要全球納稅，在世界各地的收入都必須納稅。而 E2 簽證持有人不一定是美國的稅務居民。

・雙重國籍政策

屬人主義的台灣，不管在任何地方出生，只要父母雙方有任一方擁有台灣護照，小孩就能獲得台灣護照，也承認雙重國籍。允許雙重或多重國籍的國家，提供護照持有人在各方面都具有更多的運用靈活性，因此而增加護照的價值。

台灣護照的劣勢為何？

台灣護照最主要的隱憂就是來自中國。台灣和中國之間的政治緊張局勢一直是台灣護照持有人關注的焦點。隨著緊張關係帶來的不確定性，短期內這個威脅的風險高，生活的未來備受不可預見的地緣政治影響。但長期來看，安全問題還是相對穩定的。

從軟性指標來看，較多主觀的感受會因人而異，例如台灣的生活方式、東南亞的氣候環境、人的友善程度、人文價值等。另外，在台灣的生活成本低，反面思考下，也透露出台灣人薪資水準偏低的情況。

一本台灣護照的含金量究竟值多少錢？

取得成本加上使用價值的最大化，依照移動價值、居住價值、安全風險係數的權重調整後，我們得到了答案。

有一些人會去拿小國或島國的護照，取得個人的第二本護照，因為它以價格計算，沒有移民監，沒有語言學歷和個人經歷的要求，在國際護照市場上，是價格最低的第二本護照選擇。

而量化護照使用者最終的感知價值中，經濟因素是所有考量裡能夠最大化普通人所持有護照的價值，也就是經濟價值，而台灣護照最大的使用價值就是來自於 E2 簽證的可能性。

護照的本質在於旅行和回家，因此我們選擇能否自由進出

美國的 Visa Waiver Program[6]、美國的 E2 非移民投資簽證計畫[7]、歐盟的申根簽證[8、9]，以及澳洲的 eVisitor[10] 和 Electronic Travel Authority[11] 簽證計畫，以這三大世界目的地作為全球流動性的移動指標，主要原因為這是全世界較難免簽進入的國家，同時也是較為熱門的旅行目的地。這幾項簽證計畫中，亞洲國家只有台灣、日本、南韓和新加坡同時符合這四項簽證計畫。

在比較各國間的護照時，牽涉到國家因素，因此護照的內在價值，例如國家經濟實力、環境發展，以及區域和平和社會穩定面向等，我們採用的四大指標是與居住價值關聯較密切的小國特性、生活品質、醫療保險與科技發達。

最後是安全風險係數：一個國家的政治環境穩定度帶給公民對於未來生活，工作，創業的安心感，會直接影響護照價值的最終計算結果。

全部的公式，參數和權重，我們會在台灣護照價值報告的完整版中詳細列出（本書收錄的是我們發布在媒體上的報告，完整報告請洽 E2 Era 易途時代）。

6　https://travel.state.gov/content/travel/en/us-visas/tourism-visit/visa-waiver-program.html

7　https://travel.state.gov/content/travel/en/us-visas/visa-information-resources/fees/treaty.html

8　https://zh.wikipedia.org/zh-tw/ 歐洲聯盟簽證政策

9　https://www.schengenvisainfo.com/countries-in-europe/eu-countries/

10　https://immi.homeaffairs.gov.au/visas/getting-a-visa/visa-listing/evisitor-651#Eligibility

11　https://immi.homeaffairs.gov.au/visas/getting-a-visa/visa-listing/electronic-travel-authority-601#Eligibility

定價方式：

1. 取得成本

目前世界上可以透過投資移民拿到公民身分的國家[12]，有安地卡、巴布達、多米尼克、格瑞納達、約旦、馬爾他、蒙特內哥羅（黑山）、北馬其頓、聖基茨、尼維斯、聖露西亞，以及土耳其。這些國家中，僅有獲取馬爾他的公民身分，或持有台灣護照，可以得到相同的美國、歐盟和澳洲免簽待遇。取得土耳其護照，則是獲得 E2 簽證的最低門檻。

我們從這些國家列出的投資入籍條件中[13]，在不考量資產、貨幣、交通、手續、律師等成本及風險的情況下，選取最便宜的方式，如果採用投資方式，則以台灣銀行無擔保利率 5.24% 來計算出投入的資金成本。至於捐款則是以原價計算。匯率參考美國 IRS 提供的 2022 年度平均匯率[14]。在持有的時間成本上，依照各國規定。

因此，我們的投資入籍資金成本 (A) 計算公式如下：

投資金額×無擔保利率 5.24%×持有年限×匯率
捐款金額×匯率

此外，我們根據各國最低工資和每年 3% 的通貨膨脹計算出 3

12　https://www.henleyglobal.com/citizenship-investment
13　https://best-citizenships.com/citizenship-by-investment-schemes/
14　https://www.irs.gov/zh-hant/individuals/international-taxpayers/yearly-average-currency-exchange-rates

年的生活成本[15]，最低生活成本(B)計算公式如下：

$$\sum_{n=1}^{3} 每年最低生活成本 \times （1 + 每年通貨膨脹\ 3\%）^{n-1}$$

由投資入籍的資金成本加上最低生活成本，得出取得護照的總成本(C)。

15　https://en.wikipedia.org/wiki/List_of_countries_by_minimum_wage

A. 投資入籍資金成本

國家	最低價的投資移民方式	入籍後移動優勢	資金成本（新台幣）
安地卡及巴布達 Antigua and Barbuda	捐款 10 萬美元	歐盟申根區免簽	432 萬
多米尼克 Dominica	捐款 10 萬美元	歐盟申根區免簽	596 萬
格瑞納達 Grenada	捐款 15 萬美元	美國 E-2 簽證條約國成員和歐盟申根區免簽	641 萬
約旦 Jordan	投資企業 75 萬美元	美國 E-2 簽證條約國成員	352 萬
馬爾他 Malta	租賃每年租金 1.6 萬歐元的房產至少 5 年且捐款 61 萬歐元	美國／歐盟／澳洲免簽	2566 萬
蒙特內哥羅 Montenegro	投資 25 萬歐元且捐款 20 萬歐元	美國 E-2 簽證條約國成員和歐盟申根區免簽	820 萬
北馬其頓 North Macedonia	投資 20 萬歐元	美國 E-2 簽證條約國成員和歐盟申根區免簽	344 萬
聖基茨和尼維斯 Saint Kitts and Nevis	捐款 15 萬美元	歐盟申根區免簽	656 萬
聖露西亞 Saint Lucia	捐款 10 萬美元	歐盟申根區免簽	537 萬
土耳其 Turkey	投資房產 40 萬美元	美國 E-2 簽證條約國成員	259 萬

B. 最低生活成本

國家	每年最低生活成本（新台幣）	時間（年）	每年通貨膨脹	3 年最低生活成本（新台幣）
安地卡及巴布達 Antigua and Barbuda	36 萬	3	3%	112 萬
多米尼克 Dominica	18 萬	3	3%	55 萬
格瑞納達 Grenada	20 萬	3	3%	63 萬
約旦 Jordan	26 萬	3	3%	81 萬
馬爾他 Malta	55 萬	3	3%	170 萬
蒙特內哥羅 Montenegro	37 萬	3	3%	113 萬
北馬其頓 North Macedonia	29 萬	3	3%	90 萬
聖基茨和尼維斯 Saint Kitts and Nevis	40 萬	3	3%	123 萬
聖露西亞 Saint Lucia	4 萬	3	3%	13 萬
土耳其 Turkey	38 萬	3	3%	118 萬

C. 取得護照的總成本

國家	資金成本 （新台幣)	最低生活成本 (新台幣)	總成本 (新台幣)
安地卡及巴布達 Antigua and Barbuda	433 萬	112 萬	544 萬
多米尼克 Dominica	597 萬	56 萬	652 萬
格瑞納達 Grenada	641 萬	63 萬	704 萬
約旦 Jordan	352 萬	82 萬	433 萬
馬爾他 Malta	2566 萬	170 萬	2736 萬
蒙特內哥羅 Montenegro	821 萬	114 萬	933 萬
北馬其頓 North Macedonia	345 萬	90 萬	434 萬
聖基茨和尼維斯 Saint Kitts and Nevis	656 萬	123 萬	779 萬
聖露西亞 Saint Lucia	537 萬	14 萬	550 萬
土耳其 Turkey	260 萬	119 萬	377 萬

*四捨五入下數字可能略有差異

2. 使用價值

當台灣公民選擇使用 E2 簽證的權利後，能為生活帶來的最大化經濟價值，我們以台美家庭收入的中位數價差做為計算指標。

根據 2021 年的統計資料，亞裔美國人家庭收入中位數為 101,418 美元（稅前）[16]，至於台灣人的家庭收入中位數是 92.9 萬元（稅後）[17]，以累進稅率 12% 回推，稅前收入為 1,040,480 元。再以每年 3% 的通貨膨脹累進計算，E2 簽證單次有效期為 5 年。匯率參考 2022 年的年度美元平均匯率為 29.813，所得出的計算公式為：

$$\sum_{n=1}^{5} 家庭收入 \times （1＋每年通貨膨脹 3\%）^{n-i}$$

亞裔美國家庭收入：$[\sum_{n=1}^{5} 101,418 \times 1.03^{(n-1)}] \times 29.813 = 16,052,571$ 元

台灣家庭收入：$\sum_{n=1}^{5} 1,040,480 \times 1.03^{(n-1)} = 5,524,049$ 元

計算結果，台美家庭收入價差多達 10,528,522 元。

3. 安全風險係數

台灣的安全問題主要來自中國的政治壓力，戰爭與準戰爭

16　https://www.census.gov/newsroom/press-releases/2022/income-poverty-health-insurance-coverage.html

17　https://www.stat.gov.tw/News_Content.aspx?n=2679&s=102932

風險。

我們判斷：

未來 1 至 3 年屬於短期安全風險，台灣的危險係數較高。

未來 4 至 10 年屬於長期安全風險，風險係數會趨於穩定。

4. 居住價值

· 小國特性（小國控制少、全球徵稅管理少）。

· 生活品質（可居住性高、可生活性高、便利性高、全球認可度高）。

· 醫療健康（醫療品質高、保險服務價格低）。

· 科技發達（IT、AI、晶圓、製造業、中小企業）。

5. 移動價值

· 美國 Visa Waiver Program。

· 美國 E2 非移民投資簽證計畫。

· 澳洲 ETA / eVisitor 簽證計畫。

· 歐盟申根簽證。

經過我們的設計公式計算得出：台灣護照的含金量為 $8,759,212 元。

在製作這份台灣護照價值報告的過程中，我們搜集和研究了許多相關資料，也經過與相關學者和專家多次的討論。在每一

次的討論中，從不同的角度來探討台灣護照的好與不好，越是深入越是驚訝原來台灣人擁有的台灣護照不只是一本簡單的護照，而是蘊藏著許多不為人知的價值，等著被台灣人給發現與實現。

我們發表這份台灣護照價值報告，除了希望讓台灣人知道自己擁有的價值和權利，面對生活，或許能有不同的啟發和作為。可以從台灣護照的優勢更積極樂觀的看待未來，也可以從台灣護照的劣勢思考是否該替未來計畫一個 Plan B[18]？

關於中國這個敏感的議題，台灣護照的價值變動其實有一部分是來自於中國，中國是台灣護照在安全價值上打折的主因。但台灣也因為中國的關係，不被多數的國際組織承認，被排擠在許多國際的公約或組織中，卻也因此讓台灣護照的持有人可能彈性規避國際社會的規範，台灣與國際 CRS 的進程相對緩慢就是明顯的例子。認清這個情境，如何使用自己手中的台灣護照，實現價值的最大化？

當你知道，原來你所擁有的遠超乎你所想像的。在選擇與不選擇之間，沒有好或最好的方式，只有適合與不適合你當下情境與對未來目標的選項。

18　https://shor.by/PlanB

附錄 1　常見投資移民計畫與費用估算

國家	投資移民價格		
	投資房地產／其他	購買企業／債券	捐款／存款
安地卡及巴布達 Antigua and Barbuda	投資房地產至少 20 萬美元且持有至少五年	1. 個人購買至少 150 萬元的企業 2. 透過聯合購買，每人出資至少 40 萬，總計超過 500 萬美元的企業	捐款 10 萬或 15 萬美元且不可退還
多米尼克 Dominica	投資房地產至少 20 萬美元	無	捐款 10 萬美元且不可退還
格瑞納達 Grenada	投資政府核准的房地產至少 22 萬美元且持有至少五年，並額外捐款 5 萬美元	無	單一申請人捐贈 15 萬美元且不可退還
約旦 Jordan	投資特定經濟項目至少 100 萬美元或 75 萬美元	1. 購買企業股份至少 150 萬美元且持有至少三年 2. 購買 100 萬美元國債且持有至少六年	存入 100 萬美元的零息存款，期限至少為三年

最低入籍方案之額外申請費用	入籍優勢	
	移動性	取得時間
1. 4 人家庭申請費 2.5 萬美元 2. 盡職調查費為主申請人和配偶各 7,500 美元與 12 歲至 17 歲受撫養人每人 2,000 美元	歐盟申根區免簽	約三到四個月
1. 增加 3 名家屬費用為 7.5 萬美元 2. 盡職調查費為主申請人和配偶每人 7,500 美元與 16 歲以上受撫養人每人 4,000 美元	歐盟申根區免簽	約三個月
1. 4 人家庭申請費 5 萬美元 2. 盡職調查費為主申請人和配偶每人 5,000 美元與 12 歲至 17 歲受撫養人每人 2,000 美元	美國 E-2 條約國成員和歐盟申根區免簽	約三到四個月
依實際申請而定	美國 E-2 條約國成員	約三個月

國家	投資移民價格		
	投資房地產／其他	購買企業／債券	捐款／存款
馬爾他 Malta	1. 購買至少 70 萬歐元房產且持有至少五年 2. 租賃年租金至少 1 萬 6,000 歐元房產最短五年	無	1. 捐款至少 60 萬歐元或至少 75 萬歐元 2. 向特定的組織或社團捐款至少 1 萬歐元
蒙特內哥羅 Montenegro	投資開發項目至少 45 萬歐元或 25 萬歐元	無	每份申請需捐款 20 萬歐元
北馬其頓 North Macedonia	投資特定項目 20 萬歐元或 40 萬歐元	無	無
聖基茨和尼維斯 Saint Kitts and Nevis	投資房地產 20 萬美元或 40 萬美元且持有至少七年	無	捐款 15 萬美元且不可退還

最低入籍方案之額外申請費用	入籍優勢	
	移動性	取得時間
1. 每位受撫養人 5 萬歐元 2. 盡職調查費為主申請人 1.5 萬歐元與每位受撫養人 1 萬歐元 3. 居留許可費為主申請人 5,000 歐元與每位受撫養人 1,000 歐元	美國/歐盟/澳洲免簽	需持有永居身分且居住至少 36 個月後才能申請公民身分
1. 4 人家庭申請費每人 1 萬歐元 2. 4 人家庭盡職調查費為 1 萬歐元	美國 E-2 條約國成員和歐盟申根區免簽	約八到十個月
1. 政府費用為主申請人和配偶 1 萬 5,000 歐元與 18 歲以下兒童每人 1 萬歐元 2. 盡職調查費每人 5,000 歐元	美國 E-2 條約國成員和歐盟申根區免簽	約五個月
1. 增加 3 名家屬費用為 4 萬 5,000 美元 2. 盡職調查費為主申請人 7,500 美元與 16 歲以上受撫養人每人 4,000 美元	歐盟申根區免簽	約三到六個月

國家	投資移民價格		
	投資房地產／其他	購買企業／債券	捐款／存款
聖露西亞 Saint Lucia	投資房地產至少 20 萬美元的房地產且持有至少五年	1. 投資企業項目至少 350 萬美元，或共同出資 600 萬美元 2. 投資至少 30 萬美元的無息政府債券（並收取 5 萬美元的管理費）且至少持有五年	每個申請人捐款 10 萬美元且不可退還
土耳其 Turkey	1. 投資房地產至少 40 萬美元 2. 投資固定資本支出至少 50 萬美元 3. 投資房地產投資基金或風險投資基金至少 50 萬美元 4. 投資私人養老基金至少 50 萬美元且持有至少三年	購買政府債券至少 50 萬美元	存入至少 50 萬美元

最低入籍方案之額外申請費用	入籍優勢	
	移動性	取得時間
1. 增加 3 名家屬費用為 5 萬美元 2. 盡職調查費為主申請人與配偶美人 7,500 美元與 16 歲以上受撫養人美人 5,000 美元 3. 手續費為主申請人 2,000 美元與每位受撫養人 1,000 美元	歐盟申根區免簽	約四個月
土地登記費和印花稅：4%～6%	美國 E-2 條約國成員	約四個月

*額外申請費用部分僅列出額外的家屬申請費和盡職調查費，以及部分政府費用，人數以一家四口計算（包含兩名未成年子女），還有少數費用不包含在此表格中，浮動的律師費或代理費也不在此表格的討論範圍內，因此根據此表格所計算出的價格僅供作為最低投資入籍的參考價格。

*這些資料隨時有可能變動，請諮詢你的律師或相關政府網站。

○ 附錄 2　美國／澳洲／歐盟免簽證與 E2 Visa 計畫之國家列表

	美國 **Visa Waiver Program (40)**
台灣／Taiwan	v
*奧地利／Austria	v
*比利時／Belgium	v
*加拿大／Canada	v*
*丹麥／Denmark	v
芬蘭／Finland	v
*法國／France	v
*德國／Germany	v
- 愛爾蘭／Ireland	v
*義大利／Italy	v
*盧森堡／Luxembourg	v
- 挪威／Norway	v
西班牙／Spain	v
*瑞典／Sweden	v
* - 瑞士／Switzerland	v
*荷蘭／The Netherlands	v
**+ 英國／United Kingdom	v
**澳洲／Australia	v

美國 E-2 簽證條約國(81)	澳洲 ETA／eVisitor 簽證 國家(45)	歐盟 申根國／申根區免 簽國家(94)
∨	∨	∨
∨	∨∨	∨
∨	∨∨	∨
∨	∨	∨
∨	∨∨	∨
∨	∨∨	∨
∨	∨∨	∨
∨	∨∨	∨
∨	∨∨	∨
∨	∨∨	∨
∨	∨∨	∨
∨	∨∨	∨
∨	∨∨	∨
∨	∨∨	∨
∨	∨∨	∨
∨	∨∨	∨
∨	∨∨	∨
∨	-	∨

	美國 Visa Waiver Program (40)
克羅埃西亞／Croatia	v
*捷克／Czech Republic	v
愛沙尼亞／Estonia	v
**日本／Japan	v
拉脫維亞／Latvia	v
立陶宛／Lithuania	v
*紐西蘭／New Zealand	v
*波蘭／Poland	v
*斯洛伐克／Slovak Republic	v
斯洛維尼亞／Slovenia	v
*新加坡／Singapore	v
南韓／South Korea	v
美國／United States of America	-
安道爾／Andorra	v
汶萊／Brunei	v
- 保加利亞／Bulgaria	
智利／Chile	v
希臘／Greece	v
*匈牙利／Hungary	v
- 冰島／Iceland	v

美國 E-2 簽證條約國(81)	澳洲 ETA／eVisitor 簽證 國家(45)	歐盟 申根國／申根區免 簽國家(94)
∨	∨	∨
∨	∨	∨
∨	∨	∨
∨	∨	∨
∨	∨	∨
∨	∨	∨
∨	∨*	∨
∨	∨	∨
∨	∨	∨
∨	∨	∨
∨	∨	∨
∨	∨	∨
-	∨	∨
-	∨∨	∨
	∨	∨
∨	∨	∨
∨		∨
	∨∨	∨
	∨	∨
	∨∨	∨

	美國 **Visa Waiver Program (40)**
- 列支敦斯登／Liechtenstein	∨
#馬爾他／Malta	∨
摩納哥／Monaco	∨
葡萄牙／Portugal	∨
- 羅馬尼亞／Romania	
聖馬利諾／San Marino	∨
阿爾巴尼亞／Albania	
阿根廷／Argentina	
波士尼亞與赫賽哥維納／Bosnia and Herzegovina	
哥倫比亞／Colombia	
哥斯大黎加／Costa Rica	
賽普勒斯／Cyprus	
喬治亞／Georgia	
格瑞納達／Grenada	
香港／Hong Kong	
宏都拉斯／Honduras	
*以色列／Israel	
*#北馬其頓／North Macedonia	
*馬來西亞／Malaysia	

美國 E-2 簽證條約國(81)	澳洲 ETA／eVisitor 簽證 國家(45)	歐盟 申根國／申根區免 簽國家(94)
	VV	V
	VV	V
	VV	V
	VV	V
V	V	V
	VV	V
V		V
V		
V		V
V		
V		V
	V	V
V		V
V		V
	V	V
V		V
V		V
V		V
	V	V

	美國 **Visa Waiver Program (40)**
墨西哥／Mexico	
摩爾多瓦／Moldova	
#蒙特內哥羅／Montenegro	
巴拿馬／Panama	
*巴拉圭／Paraguay	
塞爾維亞／Serbia	
千里達及托巴哥／Trinidad & Tobago	
烏克蘭／Ukraine	
梵蒂岡／Vatican City	
亞美尼亞／Armenia	
#安地卡及巴布達／Antigua and Barbuda	
阿塞拜疆／Azerbaijan	
巴林／Bahrain	
巴貝多／Barbados	
孟加拉／Bangladesh	
玻利維亞／Bolivia	
巴西／Brasil	
喀麥隆／Cameroon	
拉布柴維爾／Congo (Brazzaville)	
金夏沙／Congo (Kinshasa)	

美國 E-2 簽證條約國(81)	澳洲 ETA／eVisitor 簽證 國家(45)	歐盟 申根國／申根區免 簽國家(94)
V		V
V		V
V		V
V		V
V		V
V		V
V		V
V		V
	VV	V
V		
		V
V		
V		
		V
V		
V		
		V
V		
V		
V		

	美國 **Visa Waiver Program (40)**
#多米尼克／Dominica	
厄爾瓜多／Ecuador	
埃及／Egypt	
薩爾瓦多／El Salvador	
衣索比亞／Ethiopia	
聖基茨和尼維斯／Saint Kitts and Nevis	
密克羅尼西亞聯邦／Federated States of Micronesia	
瓜地馬拉／Guatemala	
薩摩亞／Independent State of Samoa	
牙買加／Jamaica	
#約旦／Jordan	
東加／Kingdom of Tonga	
哈薩克斯坦／Kazakhstan	
科索沃／Kosovo	
吉爾吉斯／Kyrgyzstan	
賴比瑞亞／Liberia	
澳門／Macau	
蒙古／Mongolia	
摩洛哥／Morocco	

美國 E-2 簽證條約國(81)	澳洲 ETA／eVisitor 簽證 國家(45)	歐盟 申根國／申根區免 簽國家(94)
		∨
∨		
∨		
		∨
∨		
		∨
		∨
		∨
		∨
∨		
∨		
		∨
∨		
∨		
∨		
∨		
		∨
∨		
∨		

	美國 Visa Waiver Program (40)
諾魯／Nauru	
尼加拉瓜／Nicaragua	
阿曼／Oman	
巴基斯坦／Pakistan	
帛琉／Palau	
秘魯／Perú	
菲律賓／Philippines	
*吉里巴斯／Republic of Kiribati	
模里西斯／Republic of Mauritius	
塞席爾／Republic of Seychelles	
馬紹爾群島／Republic of the Marshall Islands	
#聖露西亞／Saint Lucia	
聖文森及格瑞那丁／Saint Vincent and the Grenadines	
*塞內加爾／Senegal	
索羅門群島／Solomon Islands	
斯里蘭卡／Sri Lanka	
蘇利南／Suriname	
東帝汶／Timor-Leste	
巴哈馬／The Bahamas	

美國 E-2 簽證條約國(81)	澳洲 ETA／eVisitor 簽證 國家(45)	歐盟 申根國／申根區免 簽國家(94)
		V
		V
V		
V		
		V
		V
V		
		V
		V
		V
		V
		V
		V
V		
		V
V		
V		
		V
		V

	美國 Visa Waiver Program (40)
*泰國／Thailand	
多哥／Togo	
突尼西亞／Tunisia	
#土耳其／Turkey	
吐瓦魯／Tuvalu	
委內瑞拉／Venezuela	
阿拉伯聯合酋長國／UAE	
烏拉圭／Uruguay	
南斯拉夫／Yugoslavia	
*印度／India	
*印尼／Indonesia	
*史瓦濟蘭／Kingdom of Eswatini	
*沙烏地阿拉伯／Saudi Arabia	
*南非／South Africa	
*甘比亞／The Gambia	
*越南／Vietnam	

此表中的排序方式以符合簽證計畫的數量由多到少，再依照 A-Z 字母排序。最新資料請參閱相關政府網站。

* 表示為台灣的租稅協定國[19]。
** 表示為台灣的租稅協定國並且與台灣進行雙邊 CRS 的國家。

---

19 https://www.mof.gov.tw/singlehtml/191?cntId=82769

美國 E-2 簽證條約國(81)	澳洲 ETA／eVisitor 簽證 國家(45)	歐盟 申根國／申根區免 簽國家(94)
v		
v		
v		
v		
		v
		v
		v
		v
v		

\# 表示為可以透過投資移民取得公民身分的國家。

\- 表示為非歐盟申根區國家或非申根區歐盟國家。

\+ 2024 年 1 月後持英國護照入境歐洲須先填寫 ETIAS 。

v* 表示不在免簽計畫中的特殊國家關係。

vv 表示同時符合兩項澳洲免簽證計畫。

後記

　　我們寫這本書最重要的目的就是想要傳遞資訊，把我們從自身專業領域中看到的、接觸到的資訊，分享給在台灣的人。對於那些原本已經有想法的人，如果能在看完這本書後，產生更多的信心，代表我們的影響力發揮了作用。人生就是一連串的選擇，沒有人能為你保證任何事情，但你必須對自己做出的選擇給一些信心。

　　選擇是有很多層含義的，你可以選擇，你應該選擇，或是你必須選擇，在時間和金錢資源有限的情況下，怎麼選擇才能替未來多做一點努力，為自己，也為了下一代的孩子。付出背後的含義和價值都不會只有表面上看到的，明顯立即的成功或失敗也不代表是整件事情的最後結果。如同人生是一段旅程，結果當然讓人心動，但有價值有意義的事情往往在過程中發生。

　　台灣和美國有個很大的差異點，在於一個是挑選型社會，一個是培養型社會。其實不僅是台灣，整個亞洲的社會價值觀都較為單一，傾向於多數人覺得好的東西，才是好的東西，導致人的選擇容易受到限制。也因為挑選型的社會風氣，在台灣教育體制下長大的孩子必須付出很多的努力，才能不斷地符合被挑選的資格。而美國是一個重視多元價值的社會體系，每個人對於自己的選擇和想做的事能夠受到較多的尊重和支持，這也和美國個人主義的盛行互為因果關係。美國的教育體制是以培養人才為主，

美國高等教育更是擁有來自全世界的資源。

　　雖然我們無法改變環境，但我們還可以選擇。哪一種環境對自己和下一代才是好的？沒有一個好或壞的評判標準，但這是一個值得思考的問題。升級 2.0 的人生，幾乎是所有人的夢想，美夢成真的方式也有很多種，別忘了你手中所擁有的選擇權利。

　　一如既往，想法如有雷同，英雄因此所見略同，如有差異，一定是你對，讀者最大。祝好，願在人生 2.0，拿走屬於你的人生選擇權。

免責聲明

本書中編寫的所有內容僅用於一般資訊目的，不應視為針對特定事物的法律、會計、或商業意見。本書中的內容不必然反映最新或最完整的法律、法規、或資訊。本書不對內容上任何資訊的完整性、正確性、或有效性做任何承諾，也不就獲取或依賴本書內容而可能產生的損失承擔任何責任。

在不提供任何法律、移民、會計或商業建議等情況下，若你決定付諸行動，請務必先諮詢你的會計師、財務分析師、律師、或諮詢規劃師等專業人士。在未徵求你個人的律師或專業團隊意見前，請不要採取行動或依賴本書所提供的任何資訊。

聘用專業人士提供投資移民諮詢建議是一個重要的決定，不應僅基於任何單一的資訊來源。

如果你透過本書或以其他公開平台與我們聯繫，在正式聘用我們團隊之前，我們並不代表你，對於你所揭露的訊息可能不會被視為隱私並予以保密。

書中包含網際網路上其他資源的超連結，提供這些連結是為了幫助你識別和找到你可能感興趣的其他網路資源，而不是為了說明或暗示 360.CPA 與 E2 Era 易途時代有贊助、支持或與所連結的資訊、網站、網站擁有者有關聯，也不表示 360.CPA 與 E2 Era 易途時代被合法授權使用可能反映在連結中或通過連結訪問的任何商號、註冊商標、標識、法律或官方印章及版權符號。

屬於你的人生 2.0
——心得筆記

閱讀心得

我的人生 2.0 規劃

我的 B 計畫

美國適合我嗎？

我曾經的夢想

我對自己未來 30 年的想像

BIG 417

人生 2.0，換一種活法：
美國移民全攻略，從簽證、綠卡到投資移民必備指南

作　　者—邱翊哲、錢家萱、李政銳、林姿伶、林佩姿
圖表提供—邱翊哲、錢家萱、李政銳、林姿伶、林佩姿
責任編輯—陳萱宇
主　　編—謝翠鈺
行銷企劃—陳玟利
封面設計—陳文德
美術編輯—菩薩蠻數位文化有限公司

董 事 長—趙政岷
出 版 者—時報文化出版企業股份有限公司
　　　　　108019台北市和平西路三段二四〇號七樓
　　　　　發行專線　（〇二）二三〇六六八四二
　　　　　讀者服務專線　〇八〇〇二三一七〇五
　　　　　　　　　　　　（〇二）二三〇四七一〇三
　　　　　讀者服務傳真　（〇二）二三〇四六八五八
　　　　　郵撥　一九三四四七二四時報文化出版公司
　　　　　信箱　一〇八九九 台北華江橋郵局第九九信箱
時報悅讀網—http://www.readingtimes.com.tw
法律顧問—理律法律事務所 陳長文律師、李念祖律師
印刷—勁達印刷有限公司
初版一刷—二〇二三年十二月十五日
定價—新台幣三五〇元
缺頁或破損的書，請寄回更換

時報文化出版公司成立於一九七五年，
並於一九九九年股票上櫃公開發行，於二〇〇八年脫離中時集團非屬旺中，
以「尊重智慧與創意的文化事業」為信念。

人生2.0,換一種活法：美國移民全攻略,從簽證、綠卡到投資移
民必備指南/邱翊哲, 錢家萱, 李政銳, 林姿伶, 林佩姿著. --
初版. -- 台北市：時報文化出版企業股份有限公司, 2023.12
　　面；　公分. -- (Big；417)
　　ISBN 978-626-374-159-1(平裝)

1.CST: 移民 2.CST: 美國

577.852　　　　　　　　　　　　　　112011909

ISBN 978-626-374-159-1
Printed in Taiwan